「食品」の安全と信頼をめざして

改訂版 **食品表示検定**
中級・問題集

一般社団法人 食品表示検定協会 編著

ダイヤモンド社

食品表示に関する知識を深めていただくために

　本書は、2022年3月に発行された『食品表示検定 中級・問題集』の3年ぶりとなる初の改訂版です。この3年の間、食品の表示制度については、しいたけの原産地表示に関するQ&A改正（2022年3月）、食品添加物の不使用表示に関するガイドライン公表（2022年3月）、「くるみ」の特定原材料への追加（2023年3月）、「EPA及びDHA産生なたね」の特定遺伝子組換えに係る表示義務対象への追加（2023年3月）、食品の基準審査行政の消費者庁への移管（2024年4月）、紅麹関連製品に係る事案を受けた機能性表示食品制度等に関する食品表示基準改正（2024年8月）などがありました。本書には、2024年10月1日時点で施行されている法令に基づいた内容を掲載していますが、2025年1月現在も、個別品目ごとの表示ルール見直し、食品表示へのデジタルツール活用検討、わかりやすい栄養成分表示の取組み、食品期限表示の設定のためのガイドラインの見直しなどが進められています。食品表示基準や通知、Q&Aの改正に注意を払い、常に知識をアップデートすることを心がけてください。

　一方、食品表示検定試験の問題作成に当たっては、食品表示基準や通知、Q&Aに示されている細かな点を問うのではなく、表示ルールの基本を問うことを心がけています。本書では、過去に出題された中から、問題の形式にも配慮し、各分野をできるだけ広くカバーできる問題を選んで掲載しています。これらの問題は、職場や個人で、みずからの食品表示に関する知識を確認する目的でも使うことができます。また、食品表示基準に記載されている内容を具体的に理解するために、この問題集を活用してもよいでしょう。

　皆様の食品表示に関する知識を高めるため、さまざまな方法で、この問題集を役立てていただければ幸いです。

一般社団法人 食品表示検定協会

理事長　湯川剛一郎

この本の使い方

○本書は、一般社団法人 食品表示検定協会が主催する「食品表示検定試験・中級」向けの副教材として作成されたものです。まずは、『食品表示検定認定テキスト・中級』で食品表示の全体を学習し、併せてこの問題集を利用することで、合格を目指してください。

○問題形式に慣れるための「練習問題」、実際の試験と同じように100問を90分間で解くことを想定した「模擬問題」の2部構成になっています。

〈練習問題〉のページ

『認定テキスト・中級』の章
に合わせて区分しています

練習問題の通
し番号です

この本の使い方

○掲載した問題は、過去に出題された問題そのものではなく、学習用に一部改変しています。
○2024年10月１日時点で施行されている法令に基づいた出題となっています。
○本書について修正情報がある場合は、協会ホームページに掲載いたします。

〈練習問題の解答と解説〉のページ

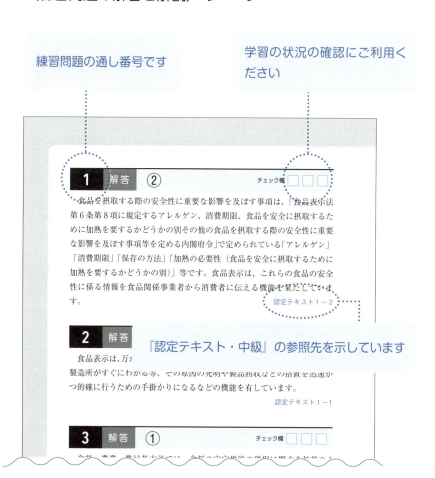

5

食品表示検定について

後援：一般社団法人 日本農林規格協会（JAS協会）
　　：日本チェーンストア協会

食品表示は消費者と事業者との信頼の架け橋です

　食品表示は、消費者にとってその商品の品質を判断し購入する上で、貴重な情報源となっています。また、食品に関わる事業者は常に、安全・安心な食品を提供することが求められており、正しい食品情報を消費者に伝える上で、食品表示は重要な役割を果たしています。
　生産者、食品メーカー、小売業者、消費者まで含めた、幅広い分野の皆さんに、食品表示の知識を習得する機会として「食品表示検定」を活用していただきたいと考えています。

【各級の概要】

　初級と中級は、どちらからでも受験していただけます。なお、上級は中級合格者の方が対象です。

初級
〈対象者〉
・食品表示を理解し、商品を選択したい消費者の方
・商品の生産、製造、流通に携わり、食品表示の基本を知りたい方（学生、販売員、販売パートの方など）
〈メリット〉
・食品表示の基礎知識を得ることができ、安心・安全な食品を選択する目を養える。
・販売などの実際の業務の場で知識を役立てることができる。

中級
〈対象者〉
・食品表示の知識が必要とされる、生産、製造、流通の現場の方（品質管理部門員、販売部門員の方など）
〈メリット〉
・食品表示に関するお客様からの質問に的確に答えられるようになる。
・食品表示に関する専門的な知識を得て、業務に活かすことができる。

上級
〈対象者〉
・中級合格者の方が対象です。
・食品表示を食品の生産、製造、流通において責任を持って業務を行う方（品質管理部門責任者、販売部門責任者の方など）
〈メリット〉
・食品表示に責任を持ち業務を実施することができる。
・食品表示の不備等があった場合、的確な対応をすることができる。
・社内資格制度、昇格制度の要件の1つとすることができる。

食品表示検定・中級のご案内

試験概要

実施時期	年2回、6月と11月を目処に実施しています。
受験資格	年齢・資格などは問いません。 食品表示の知識を必要とする生産、製造、流通の現場の方（品質管理部門員、販売部門員の方など）をはじめ、どなたでも受験していただけます。
試験内容	認定テキストからの基礎知識と、それを理解した上での応用力を問います。
出題形式	CBT方式（PCを利用した試験）による3択又は4択の選択問題です。
試験時間	90分
合格基準	70点以上が合格です（100点満点）。
試験場所	全国300か所以上のテストセンターの中から会場を選んで受験できます。

※受験料、試験期間、試験会場、受験申込期間、申込方法等の詳細は、（一社）食品表示検定協会のホームページでご確認ください。

お問い合わせ先

主　　催	一般社団法人 食品表示検定協会
住　所・ 連絡先	〒103-0004 東京都中央区東日本橋3丁目12-2　清和ビル5階 各種お問い合わせは、ホームページ内「お問い合わせ」よりお願いします。 https://www.shokuhyoji.jp/contact/
最新情報	検定試験の最新情報は、食品表示検定協会ホームページでご確認ください。 https://www.shokuhyoji.jp

上記の記載内容は、2024年10月1日時点のものです。予告なしで変更する場合があります。

目次

食品表示に関する知識を深めていただくために ……… 3
この本の使い方 ……………………………………………… 4
食品表示検定について ……………………………………… 6
食品表示検定・中級のご案内 ……………………………… 7

練習問題 ……………………………………………… 9

1　食品表示を規定している法の体系 ………………… 10
2　生鮮食品の表示 ……………………………………… 15
3　加工食品の表示 ……………………………………… 31
4　事例でわかる食品表示 ……………………………… 43
5　表示の個別解説 ……………………………………… 71
6　栄養成分表示の解説 ………………………………… 112
7　総合問題 ……………………………………………… 117

練習問題の解答と解説 ……………………… 125

模擬問題 …………………………………………… 185

模擬問題の解答と解説 ……………………… 235

食品表示検定試験〈中級〉

練習問題

1 食品表示を規定している法の体系

次の問1～14の【　　】の部分にあてはまる最も適切なものを、次の選択肢の中から1つ選びなさい。

食品を摂取する際の安全性に重要な影響を及ぼす事項として【　　】があり、食品表示はこれらの情報を食品関連事業者から消費者へ伝える機能を有している。

① 「添加物」「アルコール分」「原産国名」
② 「保存の方法」「消費期限」「加熱の必要性」
③ 「アレルゲン」「遺伝子組換え食品に関する事項」「使用上の注意」

食品表示は、食品に事故が生じた場合、【　　】などを迅速かつ的確に行うための手掛かりになるなどの機能も有している。

① 顧客の特定
② 意図しないアレルゲンの混入の防止
③ 原因究明や製品回収

「食料・農業・農村基本法」では、食料の安定供給の確保に関して、【　　】が定められている。

① 食品の表示の適正化を推進すること
② 食品の表示の制度の適切な運用を確保すること
③ 表示に関する制度を整備する等の施策を講ずること

健康増進法に基づき、表示が行われているのは、【　　】である。

① 医薬部外品
② 特別用途食品
③ 機能性表示食品

有機農産物と表示できる条件を定めているのは、【　　】である。

① JAS法
② 農産物検査法
③ 特別栽培農産物に係る表示ガイドライン

問6　計量法の対象として内容量等の表示が義務付けられているのは容器包装に入れられ、密封された【　　】である。

① 指定商品
② 特定商品
③ 登録商品

食品表示法では、不適正表示事案による被害の防止策として、適格消費者団体による【　　】の制度を設けている。

① 課徴金請求
② 差止請求
③ 民事的救済請求

 食品表示法において、【　　】とは、「あるものを材料としてその本質は保持させつつ、新しい属性を付加すること。」と定義されている。

① 調整
② 加工
③ 製造

 食品表示基準における「容器包装」とは、「食品又は添加物を入れ、又は包んでいる物で、食品又は添加物を授受する場合そのままで引き渡すもの」として【　　】で規定する容器包装のことをいう。

① 計量法
② 食品衛生法
③ 容器包装リサイクル法

問 10

食品表示法において、食品関連事業者以外の販売者には、【　　】が該当する。

① パスタを輸入し、インターネットを通じて販売する輸入業者
② 栽培した野菜を畑の一角の常設無人販売所で販売する農家
③ 町内会の祭りで瓶詰の手作りジャムを販売する町内会の役員

問 11

食品表示基準では、原則として容器包装した加工食品を販売する場合、食品関連事業者以外の者が販売するものであっても、【　　】については、表示義務がある。

① 販売者
② 特定原材料
③ 原料原産地名

問 12

一定の作為は加えるが、加工に至らない調整の例として【　　】が該当する。

① エビの尾部のみを赤変させるためにブランチングすること
② にんじんとキャベツを千切りにして混合すること
③ 米穀を保存するため乾燥すること

問13 食品事業者の指定表示製品に対して、法律に基づき、表示が義務付けられているマークとして、【　　】がある。

① 飲用乳の公正マーク
② 容器包装の識別マーク
③ 特別用途食品マーク

問14 食品に関して、景品表示法で規制の対象となるのは、一般消費者向けに販売される【　　】である。

① 製品への表示とその広告活動
② 製品の宣伝活動のみ
③ 製品への表示のみ

2　生鮮食品の表示

次の問15〜26の【　　】の部分にあてはまる最も適切なものを、次の選択肢の中から1つ選びなさい。

食品表示基準において、【　　】は、生鮮食品に該当しない。

① 凍結させた切り身の魚介類
② サイズを揃える選別を行った果実
③ 収穫した後、輸送又は保存のために乾燥させた米穀
④ 生のかつおの表面をあぶったもの

品種及び産年について根拠資料を保管していない原料玄米については、【　　】に基づいて伝達される産地を表示することができる。

① 食品衛生法
② 食品安全基本法
③ 景品表示法
④ 米トレーサビリティ法

問 17 容器包装された生鮮食品の【　　　】について、防かび剤を使用した場合は、その表示が義務付けられている。

① 玉ねぎ
② スイカ
③ パパイヤ
④ いちご

問 18 生鮮食品のうち【　　　】には、名称、原産地及び栽培方法を表示する。

① かいわれ大根
② しいたけ
③ ホワイトアスパラガス
④ もやし

問 19 原料玄米が生産された【　　　】に精白され、容器包装された精米の表示については、「新米」の用語を使用することができる。

① 当該年の 12 月 31 日まで
② 翌年の 1 月上旬まで
③ 翌年の 12 月 31 日まで
④ 翌年の 8 月 31 日まで

問20 一般用生鮮食品の食用鳥卵（殻付き）のうち、個別に表示事項が定められているのは【　　】の卵である。

① うずら
② アヒル
③ 鶏
④ ガチョウ

問21 食肉の表示に関する公正競争規約に基づいて、無包装品の表示事項を表示カード（下札又は置札）を用いて表示する場合、使用する文字は【　　】以上の大きさの肉太の文字とする。

① 5.5ポイント
② 8ポイント
③ 14ポイント
④ 42ポイント

問22 在来種の血統をまったく受け継いでいないブロイラーの鶏肉に「地鶏」と表示することは、地鶏肉の【　　】の定義に合致しないため、不適切である。

① 食品衛生法施行規則
② 日本農林規格
③ 食品表示基準
④ 食肉の表示に関する公正競争規約

問 23 食品表示基準では、魚介類の名称の表示として、【　　　】は認められていない。

① 大正エビ
② ベニズワイガニ
③ 越前がに
④ コウイカ

問 24 異種のブリとヒラマサを人為的に交配した魚介類の名称の表示は、【　　　】のように表示する。

① ブリマサ
② ブリ（交雑種）
③ ハイブリッドブリ
④ ブリ×ヒラマサ（交雑種）

問 25 容器包装された「加熱加工用のかき」の場合、【　　　】の表示は必要ない。

① 原産地
② 採取された水域
③ 解凍であればその旨
④ 期限表示

問26 魚介類の名称の表示は「魚介類の名称のガイドライン」にならって表示するが、表示に用いる文字として認められていないのは【　　】表記である。

① カタカナ
② ローマ字
③ 漢字
④ 平仮名と漢字の混合

次の問27〜38の表示例において、その内容が最も不適切なものを、それぞれ選択肢の中から1つ選びなさい。

※商品や売場に、その他の表示はないものとする。

問27　スーパーの野菜売場での表示

① だいこん（オーガニック）　神奈川県産
② はくさい　中国産
③ にんじん（雪室貯蔵）　新潟県産
④ 玉ネギ（有機）　淡路島産　[有機JASマーク・認証機関名・認証番号]

問28　スーパーの生鮮品売場での表示（無包装の場合）

① さやいんげん　福島県産
② しいたけ　徳島県産
③ ウド　東京都産
④ 馬鈴薯（メークイン）　十勝産

問29　スーパーの果物売場での表示（無包装の場合）

① ぶどう・巨峰　岡山産
② さくらんぼ　弘前産
③ レモン（TBZ）　アメリカ産
④ すだち　阿波産

スーパーの果物売場での表示（無包装の場合）

① パイナップル
フィリピン産

② パパイヤ（遺伝子組換え）
ハワイ州産

③ もも
甲州産

④ キウイフルーツ
NZ産

スーパーの精肉売場での表示（無包装の場合）

① 牛タン
オーストラリア産
100g当たり〇〇円

② 鶏もも肉
（凍結品）
九州産
100g当たり〇〇円

③ 豚肉モモ
（焼き肉用）
国産
100g当たり〇〇円

④ 牛肩ロース
（すき焼き用）
鹿児島県産
100g当たり〇〇円

スーパーの精肉売場での表示（無包装の場合）

① 若鶏（丸どり）
秋田県産
100g当たり〇〇円

② 牛挽き肉
国産
100g当たり〇〇円

③ 黒豚
（ヨークシャー種）
千葉県産
100g当たり〇〇円

④ 豚肉（細切れ）
鹿児島県産
100g当たり〇〇円

※商品や売場に、その他の表示はないものとする。

問33 スーパーの果物売場での表示（包装品の場合）

①
グレープフルーツ
防かび剤（ジフェニル）
メキシコ産

②
すいか　1／2カット
富良野市産

③
西洋なし（ラ・フランス）
山形県産

④
温州みかん
神奈川県産
又は静岡県産

問34 スーパーの生鮮品売場での表示（無包装の場合）

①
ハマグリ
中国産

②
じゃがいも
北海道産

③
牛ロース肉
テキサス州産
100g当たり○○円

④
ライチ
福建省

問35 鮮魚店での表示（無包装の場合）

①
クルマエビ
（養殖）
沖縄県

②
マアジ
焼津港

③
大間まぐろ
青森県

④
ミナミマグロ
（解凍）
インドネシア産
（東インド洋）

スーパーの鮮魚売場での表示（無包装の場合）

① 毛ガニ 釧路沖

② シミズダイ （解凍） アメリカ産

③ スルメイカ （解凍） 三浦半島沖

④ クルマエビ （養殖） 熊本県産

 スーパーの食品売場での表示（包装品の場合）

① カットスイカ (熊本県・千葉県) 加工年月日○○.○○.○○

② サケ(粕漬け) 網走沖産

③ サザエ 千葉県産

④ ネクタリン 長野県産

※商品や売場に、その他の表示はないものとする。

問 38 スーパーの生鮮品売場での表示（かきはパック品、米は包装品の場合）

①

名称	むき身かき（加熱調理用）
原産地	岩手県沖産
消費期限	20○○.11.19
保存方法	10℃以下で保存してください。
加工者	○○漁業協同組合 ○○県○○市○○町 ○－○

②

名称	殻付きかき（生食用）
原産地	宮城県
消費期限	令和○.11.18
保存方法	10℃以下で保存してください。
加工者	○○水産株式会社 ○○県○○市○○町 ○－○

③

名称	玄米		
原料玄米	産地	品種	産年
	単一原料米 新潟県	△△ヒカリ	令和○年
内容量	2kg		
調製時期	令和○年11月6日		
販売者	◇◇屋（代表者 ◇◇ 太郎） ○○県○○市○○町○－○ 電話番号：○○○（○○○）○○○○		

④

名称	精米			
原料玄米	産地	品種	産年	使用割合
	複数原料米 米国産 国内産			8割 2割
内容量	5kg			
精米時期	20○○年11月上旬			
販売者	○○米穀株式会社 ○○県○○市○○町○－○ 電話番号：○○○（○○○）○○○○			

24

以下の問いに答えなさい。

 「生鮮食品の表示方法」に関する次の選択肢の中で、その内容が最も不適切なものを1つ選びなさい。

① 容器包装に入れ生産した場所以外で販売する場合は、原則としてすべての義務表示事項を表示する。
② 容器包装せずに生産した場所以外で販売する場合は、放射線照射に関する事項の表示は要しない。
③ 容器包装に入れ生産した場所で直接販売する場合は、名称の表示は要しない。
④ 容器包装せずに飲食店で販売する場合であっても、生食用牛肉のリスク表示を省略することはできない。

 「生鮮食品（農産物）」に関する次の選択肢の中で、その内容が最も不適切なものを1つ選びなさい。

① 1種類の果物を単にカットしたものは、生鮮食品に該当する。
② 成熟した大豆などの豆類を乾燥させたものは、生鮮食品に該当する。
③ じゃがいもの芽止めのために放射線照射した場合は、「放射線を照射した旨」及び「放射線を照射した年月である旨」の文字を冠したその「年月」を表示する。
④ 計量法に係る「容器又は包装に入れられた特定商品」に該当する豆類は、「内容量」「表記者の氏名又は名称及び住所」を表示する。

問41 「生鮮食品（野菜・果物）の原産地の表示」に関する次の選択肢の中で、その内容が最も不適切なものを1つ選びなさい。

① 国産品は、都道府県より広い範囲を表す地域名を原産地として表示することは認められていない。
② 輸入品は、「カリフォルニア州」「福建省」等の一般に知られている地名で表示することができる。
③ 単品のカットフルーツのように、1種類の農産物で複数の原産地のものを混合した製品の原産地については、その製品に占める重量の割合の高いものから順に表示する。
④ 果物の盛りかごのように、異なる種類の農産物で複数の原産地のものを詰め合わせた場合は、重量の割合の高いものから順に上位3位までを表示し、4位以下はその他と省略できる。

問42 「生鮮食品（農産物）の名称の表示」に関する次の選択肢の中で、その内容が最も不適切なものを1つ選びなさい。

① その内容を表す一般的な名称で表示する。
② 標準和名を名称として表示することができる。
③ 地域特有の名称は、その名称が一般に理解される地域でも表示できない。
④ 米穀は、「玄米」「もち精米」「うるち精米」「精米」「胚芽精米」のうちから、該当する名称を表示する。

「しいたけの表示」に関する次の選択肢の中で、その内容が最も不適切なものを1つ選びなさい。

① しいたけを単に乾燥させた乾しいたけは、加工食品に該当する。
② しいたけを容器包装に密封して販売する場合は、計量法に基づき「内容量」「販売業者の氏名又は名称及び住所」を表示する。
③ 原木栽培及び菌床栽培によるしいたけを混合したものは、重量の割合の高いものから順に「原木・菌床」又は「菌床・原木」と表示する。
④ しいたけは栽培管理上の特性から、原木又は菌床培地に種菌を植え付けた場所（植菌地）を原産地として表示する。

「生鮮食品（食肉）の表示」に関する次の選択肢の中で、その内容が最も不適切なものを1つ選びなさい。

① 公正競争規約に基づいて、鶏肉を冷凍した状態で販売する場合は「凍結品」と表示する。
② 原産地表示で、米国産を「US」と表示することは認められていない。
③ 公正競争規約で定められた品種であって、「和牛」と表示できる牛肉であっても「WAGYU」と表示することは認められていない。
④ 食肉の部位を公正競争規約に基づいて表示することが、食肉の性質上困難な場合は、「豚ひき肉」等と食肉の種類の名称と形態を組み合わせて名称（品名）とする。

「生鮮食品（食肉）の原産地表示」に関する次の選択肢の中で、その内容が最も不適切なものを1つ選びなさい。

① 飼養期間について、アメリカが18か月、日本が12か月の場合、原産地表示はアメリカである。
② 飼養期間について、アメリカが12か月、日本が18か月の場合、原産地表示は国産である。
③ 飼養期間について、アメリカが12か月、熊本県が10か月、滋賀県が8か月の場合、原産地表示はアメリカである。
④ 飼養期間について、アメリカが10か月、カナダが8か月、日本が12か月の場合、原産地表示は国産である。

「鶏の殻付き卵の表示」に関する次の選択肢の中で、その内容が最も不適切なものを1つ選びなさい。

① 国産品にあっては、原産地として採卵地が属する市町村名を表示できる。
② 生食用のものは、保存方法を「冷蔵庫で保存すること。」と表示する。
③ 加熱加工用のものは、「飲食に供する際に加熱殺菌を要する旨」を表示する。
④ 生食用の場合、鶏卵の生食が可能である期限を賞味期限である旨の文字を冠してその年月日を表示する。

「生食用牛肉の表示」に関する次の選択肢の中で、その内容が最も不適切なものを1つ選びなさい。

① 一般的に食肉の生食は食中毒のリスクがある旨の文言を表示する。
② 子供、高齢者その他食中毒に対する抵抗力の弱い者は食肉の生食を控えるべき旨の文言を表示する。
③ 「生食用」である旨の表示に代えて、「ユッケ用」「牛刺し用」と表示することができる。
④ とさつ又は解体が行われたと畜場の所在地の都道府県名及びと畜場である旨を冠した当該と畜場の名称を表示する。

 「鮮魚の原産地の表示」に関する次の選択肢の中で、その内容が最も不適切なものを1つ選びなさい。

① 輸入品にあっては、原産国名を表示する。
② 外国船が漁獲して国内の港に水揚げした鮮魚は輸入品になり、当該船舶が属する国を原産国名として表示する。
③ 国産品にあっては、水域をまたがって漁をする等、水域の特定が困難な場合、単に「近海」、「遠洋」の表示が認められている。
④ 水域名を表示する場合は、「生鮮魚介類の生産水域名の表示のガイドライン」にならって表示することが基本である。

問49 「生鮮食品（水産物）の名称の表示」に関する次の選択肢の中で、その内容が最も不適切なものを1つ選びなさい。

① アキサケ、トキサケなど、一般に理解される季節に応じた名称を表示できる。
② イナダやハマチのような、その地方で一般に理解される成長段階に応じた名称を表示できる。
③ 異種・異属間で人為的に交配して作出された魚介類の名称は、交雑に用いた魚介類の名称を表示し、「交雑種である旨」を併記する。
④ 海外漁場魚介類及び外来種で標準和名がない種については、分類学上無関係な高級魚類に似せた名称を使用することができる。

問50 「容器包装された生鮮食品（ふぐ）の表示」に関する次の選択肢の中で、その内容が最も不適切なものを1つ選びなさい。

① 販売が可能な、有明海等で漁獲された「なしふぐ」の筋肉を原材料とするものについては、そのふぐの漁獲水域を表示する。
② 切り身等で生食用のふぐは、加工年月日である旨の文字を冠してその加工年月日又はロット番号を表示する。
③ ふぐの名称には、標準和名又は一般的な名称を表示する。
④ 凍結させたもので生食用でない場合は、「生食用でない旨」を表示する。

3 加工食品の表示

問51 「加工食品の名称」に関する次の選択肢の中で、その内容が最も不適切なものを1つ選びなさい。

① 名称に括弧を付して商品名を併記することは、それにより名称を誤認させることがなければ可能である。
② 主要面に表示された商品名が一般的な名称であっても、別記様式欄の名称の表示を省略することはできない。
③ 食品表示基準で名称が定められていない品目については、商品名がその内容を表す一般的な名称であれば、その商品名を名称として使用できる。

問52 「加工食品の名称」に関する次の選択肢の中で、その内容が最も不適切なものを1つ選びなさい。

① 乳及び乳製品にあっては、「乳等命令」の定義に従って表示するため、事項名も「種類別名称」又は「名称」と表示する。
② ベーコン類のように食品表示基準に名称が定められているものは、それに従って名称を表示する。
③ 公正取引協議会の会員は、「ビスケット」「はちみつ」のように公正競争規約に名称に関する規定のあるものについて、規則に基づき適正な名称を表示する。

問53 「原材料名の表示」に関する次の選択肢の中で、その内容が最も不適切なものを1つ選びなさい。

① 弁当の具材として仕入れた「ごまあえ」は、名称からその原材料が明らかであるため、複合原材料の原材料の表示を省略することができる。
② 同種の原材料を複数種類使用する場合、「野菜（にんじん、たまねぎ）」のように、まとめて表示することができる。
③ JAS、食品表示基準等で、名称とその内容が定義されている食品を複合原材料として使用した場合、その複合原材料についての原材料の表示は省略することができる。

問54 「添加物」に関する次の選択肢の中で、その内容が最も不適切なものを1つ選びなさい。

① 添加物は、事項欄を設けずに、原材料名欄に添加物以外の原材料と明確に区分して表示することができる。
② 添加物は、原則として物質名で表示するが、用途名を併記しなければならない場合や一括名で表示できる場合がある。
③ 複合原材料について、その複合原材料の原材料の表示を省略した場合、使用したすべての添加物の表示を省略することができる。

問55 「原料原産地表示」に関する次の選択肢の中で、その内容が最も不適切なものを1つ選びなさい。

① 食品を製造し、又は加工した場所で販売する場合は表示を省略することができる。
② 内容量が300gを超える「農産物漬物」にあっては、原材料及び添加物の重量に占める割合の高いものから上位5位までの原材料であって、かつ、重量の10%以上を占める原材料の原産地を表示する。
③ 「かつお削りぶし」については、加工品であるかつおのふしの製造地を「国内製造」や「〇〇国製造」と表示する。

 問56 「内容量」に関する次の選択肢の中で、その内容が最も不適切なものを1つ選びなさい。

① 特定商品は、容器包装に入れられ密封されていない場合であっても、計量法により内容量の表示が義務付けられている。
② 固形物に充てん液を加え、缶及び瓶以外の容器に密封した野菜の水煮は、固形量で表示することができる。
③ 固形物に充てん液を加え、缶及び瓶に密閉したもので、充てん液を加える主たる目的が内容物を保護するためのものである場合は、固形量を表示する。

「内容量」に関する次の選択肢の中で、その内容が最も不適切なものを1つ選びなさい。

① 特定商品については、特定物象量を、その数値が1万以上にならないような法定計量単位（キログラム、リットル等）を用いて表示する。
② 容器包装に入れ密封され、計量法の第13条で指定されている特定商品であっても、内容量を外見上容易に識別できる食品については、内容量の表示を省略することができる。
③ 別記様式内に内容量を表示することが困難な場合は、別記様式内に記載箇所を表示することで、別記様式欄以外の箇所に表示することができる。

「期限表示」に関する次の選択肢の中で、その内容が最も不適切なものを1つ選びなさい。

① 容器包装の表示可能面積がおおむね30cm^{2}以下のものは、期限表示を省略できる。
② 消費期限とは、定められた方法により保存した場合において、腐敗、変敗その他品質の劣化に伴い安全性を欠くこととなるおそれがないと認められる期限を示す年月日をいう。
③ 「食品期限表示の設定のためのガイドライン」では、理化学試験、微生物試験、官能検査の結果をもとに適正な期限を設定することとされている。

「期限表示」に関する次の選択肢の中で、その内容が最も不適切なものを1つ選びなさい。

① 製造した日から賞味期限までの期間が3か月以内の場合、20○○年○月○日のように年月日をもって表示する。
② 品質の劣化がきわめて少ないものとして、でん粉、砂糖、食塩及びうま味調味料は期限表示を省略できる。
③ 製品で輸入した食品については、「14/11/20 ○○」のように日月年の順で表示することが認められている。

「保存方法」に関する次の選択肢の中で、その内容が最も不適切なものを1つ選びなさい。

① 常温で保存すること以外に留意すべき特段の事項のないものは、常温で保存する旨の表示を省略できる。
② 別記様式欄に記載箇所を明記すれば、保存方法を単独で別記様式枠外に記載することができる。
③ 飲用乳のうち、常温保存可能品については、種類別名称の次に「（常温保存可能品）」と表示するとともに、保存方法欄に常温を超えない温度で保存することを表示する。

「保存方法」に関する次の選択肢の中で、その内容が最も不適切なものを1つ選びなさい。

① アイスクリームは、品質の変化が極めて少ない食品として、保存方法の表示を省略することができる。
② 冷凍食品は、食品衛生法の保存基準に従い－15℃以下の具体的な温度で「－18℃以下で保存」等と表示する。
③ 無菌充填豆腐については、保存方法の欄に「常温保存可能品」と表示する。

 「原産国名の表示」に関する次の選択肢の中で、その内容が最も不適切なものを1つ選びなさい。

① 輸入された商品は、「実質的な変更をもたらす行為」が行われた国を原産国として表示する。
②「バルクの状態で輸入されたものを、国内で小分けすること」は、実質的な変更をもたらす行為に含まれない。
③「輸送又は保存のために冷凍すること」は、原産国変更をもたらす行為に含まれる。

問63

「製造所固有記号の表示」に関する次の選択肢の中で、その内容が最も不適切なものを1つ選びなさい。

① 乳、乳製品には、販売者名と製造所固有記号の組み合わせによる表示はできない。
② 原材料や添加物の配合が同じでも、内容量が異なる場合は同一製品には該当せず、製造所固有記号を使用することはできない。
③ 業務用加工食品も、製造所所在地及び製造者の氏名又は名称を、「製造所固有記号」により表示する場合は、応答義務に関する表示が必要である。

問64

「加工食品の表示の留意点」に関する次の選択肢の中で、その内容が最も不適切なものを1つ選びなさい。

① 表示に用いる文字及び枠の色は、背景と対照的でなければならない。
② 表示に用いる文字は、8ポイント以上の大きさの活字でなければならない。
③ 表示可能面積が30cm^{2}以下の場合でも、「乳児用規格適用食品である旨」の表示は省略できない。

問65 「名称」の表示に関する次の選択肢の中で、その内容が最も不適切なものを1つ選びなさい。

① 商品の主要面の商品名に近接した箇所に一般的な名称を併記すれば、別記様式欄の名称の表示を省略できる。
② 乳及び乳製品は、事項名を「種類別」又は「種類別名称」と表示する。
③ 一般的な名称に当たらない商品名でも名称として表示することができる。

問66 複合原材料の名称からその原材料が明らかなものとして最も適切なものを、次の選択肢の中から1つ選びなさい。

① 佃煮　　② かまぼこ　　③ 漬物　　④ 天ぷら

問67 「のり」の原料原産地表示が必要となる食品として最も適切なものを、次の選択肢の中から1つ選びなさい。

① のり弁当
② のりを巻いた太巻き寿司
③ のりを巻いた鮭おにぎりと梅干おにぎりのセット
④ のりを巻いた鮭おにぎりとたくあん漬けのセット

容器包装に密封して販売する食品のうち、食品表示基準の規定により固形量を表示することができる食品として最も適切なものを、次の選択肢の中から1つ選びなさい。

① 豆腐　　　　　　　　② おでん
③ たけのこの水煮　　　　④ 果粒入りの果実ジュース

内容量の表示について、食品表示基準で単位を明記する以外に個別の規定がある食品として最も適切なものを、次の選択肢の中から1つ選びなさい。

① はちみつ　　　　　　② ビスケット類
③ 食用植物油脂　　　　④ 乾燥スープ

賞味期限が2025年6月15日の製品（製造又は加工した日から賞味期限までが3か月を超えるもの）の期限を表示する場合に最も適切なものを、次の選択肢の中から1つ選びなさい。

① 25615　　　　　　　② 2025.6
③ 15／06／25　　　　　④ 25.5

問71 期限表示の省略が認められていない食品を、次の選択肢の中から1つ選びなさい。

① 氷　　　　　　　　　② 冷菓
③ チョコレート類　　　④ 酒類

食品衛生法において保存方法が4℃以下と定められている食品として最も適切なものを、次の選択肢の中から1つ選びなさい。

① 非加熱食肉製品で水分活性が0.95以上のもの
② 生食用の切り身又はむき身にした鮮魚介類
③ 鶏の液卵
④ ゆでだこ

原産国の表示が不要なものを次の選択肢の中から1つ選びなさい。

① A国産のナッツをバルク輸入し、国内で小分けしたもの
② B国産のいりごまとC国産のいりごまを国内で混合したもの
③ D国産のいりごまとE国産のちりめんじゃこを国内で混合したもの
④ F国で製造された紅茶の茶葉を国内でティーバッグに包装したもの

紅茶の原産国として、前提条件に基づき最も適切なものを次の選択肢の中から1つ選びなさい。

《前提条件》
インドとスリランカで製造された紅茶の荒茶（インド産6割、スリランカ産4割）と少量のドライフルーツと香料をイギリスで混合して日本に輸入した。

① インド、スリランカ
② イギリス
③ インド、スリランカ及びイギリス
④ 日本

 製造者等の所在地の表示において、政令指定都市のほかに、都道府県名を省略することができる市として最も適切なものを次の選択肢の中から1つ選びなさい。

① 県庁が所在する市
② 人口10万人以上の市
③ 一般に知られている市
④ 他に同じ名前がない市

「製造所固有記号」を使用した表示例のうち、最も適切なものを、次の選択肢の中から1つ選びなさい。

《前提条件》
製造者として本社住所を表示し、実際の製造所について製造所固有記号を利用する場合

①
```
製造者　〇〇株式会社　＋埼3
　　　　〇〇県〇〇市〇町〇番地
```
お客様ダイヤル
0120-〇〇〇-〇〇〇

②
```
製造者　〇〇株式会社　　1A
　　　　〇〇県〇〇市〇町〇番地
```
製造所固有記号
1A：〇〇工場 〇〇県〇〇市〇町〇番地
2A：△△工場 △△県△△市△町△番地

③
```
製造者　〇〇株式会社　＋AC
　　　　〇〇県〇〇市〇町〇番地
```
当社ウェブサイト
https://www……

④
```
製造者　〇〇株式会社　－AB
　　　　〇〇県〇〇市〇町〇番地
お客様ダイヤル0120-〇〇〇-〇〇〇
```

4 事例でわかる食品表示

次のスライスした乾しいたけの表示例の中で、最も不適切なものを選択肢の中から1つ選びなさい。

《前提条件》
中国で植菌された菌床及び原木栽培のしいたけを使用し、薄切りにした乾しいたけを以下の重量比率で混合して容器包装する。

混合比率：菌床栽培60％、原木栽培40％

① →	名称	乾しいたけ
② →	原材料名	しいたけ（菌床・原木）
③ →	原料原産地名	中国
④ →	内容量	150g
	賞味期限	20○○.12.31
	保存方法	直射日光や高温多湿を避け常温で保存してください。
	製造者	○○椎茸株式会社 ○○県○○市○○町○－○－○

次の農産物漬物の表示例の中で、最も不適切なものを選択肢の中から1つ選びなさい。

《前提条件》
原材料には、製品に占める重量の割合の高い順に、だいこん(国産)、なす(国産)、きゅうり(韓国産)、なたまめ(中国産)、レンコン(中国産)、しょうが(中国産)を使用したもの

	名称	ふくじん漬
①→	原材料名	だいこん、なす、きゅうり、その他、漬け原材料(しょうゆ(小麦・大豆を含む)、糖類(砂糖、ぶどう糖果糖液糖)、食塩、とうがらし)
②→	添加物	調味料(アミノ酸等)、酸味料
③→	原料原産地名	国産(だいこん、なす)、韓国(きゅうり)、中国(なたまめ)
	内容量	500g
④→	賞味期限	20○○.7.30
	保存方法	10℃以下で保存してください。
	製造者	株式会社○○漬物 ○○県○○市○○町○-○-○

次の豆腐の表示例の中で、最も不適切なものを選択肢の中から1つ選びなさい。

	名称	もめん豆腐
① →	原材料名	丸大豆（国産）、脱脂大豆／塩化カルシウム（にがり）
② →	内容量	150g
③ →	賞味期限	20○○.11.30
④ →	保存方法	10℃以下で保存してください。
	製造者	株式会社○○食品 ○○県○○市○○町○-○-○

次の合挽肉の表示例の中で、食肉の表示に関する公正競争規約に基づく表示として最も不適切なものを選択肢の中から1つ選びなさい。

	名称	合挽肉
① →	原材料名	牛肉（米国産）、豚肉
② →	内容量	200g
③ →	消費期限	20○○.6.30
④ →	保存方法	10℃以下で保存してください。
	加工者	株式会社○○ミート ○○県○○市○○町○-○-○

次の食肉製品の表示例の中で、最も不適切なものを選択肢の中から1つ選びなさい。

《前提条件》
容器包装した後に加熱殺菌したもの

① → 加熱食肉製品（加熱包装）

名称	ボンレスハム
原材料名	豚もも肉（国産）、砂糖、食塩、香辛料／発色剤（亜硝酸Na）
内容量	1kg
賞味期限	20○○年12月28日
保存方法	10℃以下で保存してください。
製造者	株式会社○○ハム ○○県○○市○○町○-○-○

② → 原材料名
③ → 内容量
④ → 保存方法

次の食肉製品のチルドハンバーグステーキの表示例の中で、最も不適切なものを選択肢の中から1つ選びなさい。

《前提条件》
ハンバーグステーキにソースを加え、包装後に加熱殺菌を行ったもの

① → 加熱食肉製品（包装後加熱）

名称	チルドハンバーグ
② → 原材料名	食肉（牛肉（米国産）、豚肉）、たまねぎ、つなぎ（パン粉、卵白）、食塩、香辛料／調味料（アミノ酸等）、ソース（砂糖、醸造酢、トマト、ポークエキス、しょうゆ、でん粉、香辛料）、(一部に小麦・卵・乳成分・牛肉・豚肉・大豆・りんごを含む)
③ → 内容量	200g
賞味期限	20○○ .12.15
保存方法	10℃以下で保存してください。
製造者	○○畜産株式会社 ○○県○○市○○町○－○－○

④ → 調理方法：加熱調理してお召し上がりください。

次の飲用乳の表示例の中で、最も不適切なものを選択肢の中から1つ選びなさい。

種類別名称	牛乳（常温保存可能品）
商品名	○○高原牛乳
無脂乳固形分	8.3%以上
乳脂肪分	3.5%以上
① → 原材料名	生乳100%（国産）
② → 殺菌	低温殺菌
内容量	1000ml
賞味期限	20○○.11.30
③ → 保存方法	常温を超えない温度で保存してください。
④ → 開封後の取扱い	開封後は10℃以下で保存し、賞味期限にかかわらず、できるだけ早くお飲みください。
製造所所在地	○○県○○市○○町○-○-○
製造者	株式会社○○乳業

問84 次の表示例の中で、飲用乳の表示に関する公正競争規約による表示として最も不適切なものを選択肢の中から1つ選びなさい。

	種類別名称	乳飲料
① →	商品名	苺ミルク
	無脂乳固形分	3.0%
	乳脂肪分	0.5%
	植物性脂肪分	1.0%
② →	原材料名	生乳（50%未満）（国産）、脱脂粉乳、異性化液糖、砂糖、いちご果汁、植物油脂／安定剤（増粘多糖類）、酸味料、着色料（紅麹）、香料
	内容量	200ml
	賞味期限	20○○.11.30
	保存方法	10℃以下で保存してください。
③ →	開封後の取扱い	開封後は賞味期限にかかわらず早めにお飲みください。
	製造所所在地	○○県○○市○○町○-○-○
	製造者	株式会社○○乳業

④ →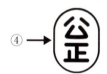

次の発酵乳の表示例の中で、最も不適切なものを選択肢の中から1つ選びなさい。

① →	種類別名称	発酵乳
② →	無脂乳固形分	8.0%
③ →	乳脂肪分	0.5%
④ →	植物性脂肪分	3％
	原材料名	生乳（国産）、ぶどう糖果糖液糖、砂糖、乳製品、乳たんぱく、植物油脂／安定剤（ペクチン）、香料
	内容量	200ml
	賞味期限	20○○.8.1
	保存方法	10℃以下で保存してください
	製造者	○○乳業株式会社 ○○県○○市○○町○-○-○

次のカップ入りのアイスクリーム類の表示例の中で、<u>最も不適切なもの</u>を選択肢の中から1つ選びなさい。

《前提条件》
この製品は乳固形分15.0%以上となるように調製されている。

① →	種類別	アイスミルク
	無脂乳固形分	10.0%
	乳脂肪分	11.0%
② →	原材料名	牛乳（国内製造）、乳製品、砂糖、水あめ、デキストリン／乳化剤（大豆由来）、安定剤（増粘多糖類）、香料、カロテン色素
③ →	内容量	120ml
④ →	製造者	○○乳業株式会社 ○○県○○市○○町○－○－○

保存上の注意：ご家庭では－18℃以下で保存してください。

次の海藻類の表示例の中で、最も不適切なものを選択肢の中から1つ選びなさい。

《前提条件》
食塩含有率が50％の塩蔵わかめ

名称	塩蔵わかめ
① → 原材料名	わかめ（国産）、食塩
② → 食塩含有率	100g
③ → 内容量	200g
賞味期限	20○○.7.30
保存方法	10℃以下で保存してください。
④ → 使用方法	塩抜きして使用してください。
製造者	株式会社○○水産 ○○県○○市○○町○-○-○

問88 次のうなぎ加工品の表示例の中で、最も不適切なものを選択肢の中から1つ選びなさい。

《前提条件》
中国の広東省で養殖されたうなぎを仕入れ、静岡県で蒲焼きに加工し、容器包装したもの

	名称	うなぎの蒲焼き
①→	原材料名	うなぎ（広東省）、しょうゆ（小麦・大豆を含む）、砂糖、みりん、清酒／調味料（アミノ酸等）、アナトー色素
②→	内容量	1尾
	賞味期限	20○○.7.30
③→	保存方法	10℃以下で保存してください。
④→	製造者	○○食品株式会社 静岡県○○市○○町○-○-○

次の中国からバルク輸入したうなぎ加工品の表示例の中で、最も不適切なものを選択肢の中から1つ選びなさい。

《前提条件》
中国で製造したうなぎの蒲焼きを、○○食品株式会社がバルクで輸入し、国内で小分け包装したもの

	名称	うなぎの蒲焼き
① →	原材料名	うなぎ、しょうゆ（小麦・大豆を含む）、砂糖、みりん、清酒／調味料（アミノ酸等）、アナトー色素
② →	内容量	1尾
	賞味期限	20○○.7.30
	保存方法	10℃以下で保存してください。
③ →	原産国名	中国
④ →	輸入者	○○食品株式会社 ○○県○○市○○町○-○-○

次の塩たらこの表示例の中で、最も不適切なものを選択肢の中から1つ選びなさい。

《前提条件》
以下の別記様式1のほか、栄養成分表示及び容器包装の識別表示が表示され、それ以外の表示はないものとする。

	名称	塩たらこ
① →		
② →	原材料名	すけとうだらの卵巣（国産又はロシア）、食塩／調味料（アミノ酸等）、酸化防止剤（V.C）、発色剤（亜硝酸Na）
③ →	内容量	80g
	賞味期限	20○○年12月31日
④ →	保存方法	10℃以下で保存してください。
	製造者	○○水産株式会社 ○○県○○市○○町○-○-○

※原料原産地は、当社における前年の取扱い実績の多い順に記載

次の生めんの表示例の中で、生めん類の表示に関する公正競争規約に基づく表示として最も不適切なものを選択肢の中から1つ選びなさい。

	名称	うどん
① →	原材料名	小麦粉（国内製造）、でん粉、食塩／加工でん粉、pH調整剤
② →	内容量	220g
	消費期限	20○○.6.12
③ →	保存方法	10℃以下で保存してください。
④ →	使用上の注意	消費期限内にお召し上がりください。
	製造者	株式会社○○製麺 ○○県○○市○○町○-○-○

次の乾めんの表示例の中で、最も不適切なものを選択肢の中から1つ選びなさい。

《前提条件》
食塩を除く原材料として小麦粉を82％、そば粉を18％使用したもの

	名称	干しそば
①→	原材料名	小麦粉（国内製造）、そば粉、食塩
②→	そば粉の配合割合	2割
③→	内容量	200g
	賞味期限	20○○年6月
	保存方法	直射日光、高温多湿を避け常温で保存してください。
④→	調理方法	たっぷりの沸騰したお湯で4分間ゆでてください。
	製造者	株式会社○○製麺 ○○県○○市○○町○－○－○

次の調理冷凍食品の表示例の中で、最も不適切なものを選択肢の中から1つ選びなさい。

〈冷凍食品〉

① →	名称	冷凍えびフライ
	原材料名	衣（パン粉、小麦粉、鶏卵、脱脂粉乳、植物油脂、砂糖、食塩）、えび（インドネシア）／調味料（アミノ酸等）、着色料（カロチノイド）、（一部にえび・小麦・卵・乳成分・大豆を含む）
	衣の率	60%
② →	内容量	8尾
	賞味期限	20○○年11月
③ →	保存方法	－18℃以下で保存してください。
④ →	凍結前加熱の有無	加熱してありません。
	加熱調理の必要性	加熱してお召し上がりください。
	製造者	株式会社○○冷凍 ○○県○○市○○町○-○-○

調理方法：
鍋にたっぷりの油を入れて、約170℃で4分間程度揚げてください。

次のみその表示例の中で、最も不適切なものを選択肢の中から1つ選びなさい。

① → 名称	米みそ
原材料名	米(国産)、大豆(遺伝子組換えでない)、食塩／保存料（ソルビン酸）
② → 内容量	1kg
賞味期限	20○○.3.3
③ → 保存方法	直射日光、高温多湿を避け、常温で保存してください。
製造者	○○醸造株式会社 ○○県○○市○○町○−○−○

④ →
純正

次のドレッシング類の表示例の中で、最も不適切なものを選択肢の中から1つ選びなさい。

① → 名称	和風ドレッシング
② → 原材料名	しょうゆ（小麦・大豆を含む、国内製造）、醸造酢、食用植物油脂、玉ねぎ、レモン果汁、砂糖、食塩、香辛料／調味料（アミノ酸等）
③ → 内容量	200ml
賞味期限	20○○.4
④ → 保存方法	直射日光を避け常温で保存してください。
製造者	株式会社○○フーズ ○○県○○市○○町○−○−○

次の乾燥スープの表示例の中で、最も不適切なものを選択肢の中から1つ選びなさい。

《前提条件》
1人前ずつ個包装されているもの

① →	名称	乾燥スープ（ポタージュ）
② →	原材料名	スイートコーンパウダー（国内製造）、デキストリン、砂糖、食用植物油脂（大豆を含む）、乳糖、食塩、全粉乳、チキンパウダー、香辛料、乳たんぱく、酵母エキス／調味料（アミノ酸等）、増粘剤（グァーガム）
③ →	内容量	52g（13g×4袋）
	賞味期限	20○○年12月
	保存方法	直射日光を避けて、常温で保存してください。
④ →	調理方法	牛乳を注ぎ、すぐにかきまぜてください。
	製造者	株式会社○○フーズ ○○県○○市○○町○-○-○

問97 次の食用植物油脂の表示例の中で、最も不適切なものを選択肢の中から1つ選びなさい。

《前提条件》
インドネシアにおいて酸化防止剤の目的で「ミックストコフェロール」、栄養強化の目的で「ビタミンA」及び「ビタミンD」を添加した食用パームオレインを製品輸入したもの

	名称	食用パームオレイン
① →		
② →	原材料名	食用パームオレイン／酸化防止剤（トコフェロール）
③ →	内容量	350g
	賞味期限	20〇〇.3
	保存方法	直射日光や高温を避け、常温で保存してください。
④ →	原産国名	インドネシア
	輸入者	株式会社〇〇商事 東京都〇〇区〇〇町〇-〇-〇

次のファットスプレッドの表示例の中で、最も不適切なものを選択肢の中から1つ選びなさい。

マーガリン類

①→	名称	風味ファットスプレッド（加糖）
②→	水分含有率	30％
	原材料名	食用植物油脂（国内製造）、食用精製加工油脂、乳脂肪、砂糖、はちみつ／乳化剤、香料、酸化防止剤（V.E）、着色料（カロテン、カラメル）、（一部に乳成分・大豆を含む）
③→	内容量	250g
	賞味期限	20○○年12月
④→	保存方法	10℃以下で保存してください。
	製造者	株式会社○○食品 ○○県○○市○○町○-○-○

この製品にははちみつが含まれるため、1歳未満の乳児には与えないでください。

問99 次のジャム類の表示例の中で、最も不適切なものを選択肢の中から1つ選びなさい。

《前提条件》
- 製品に占める原材料及び添加物のうち、いちご（国産）を65％、りんご（国産）を10％使用したジャム
- 糖度は58ブリックス度

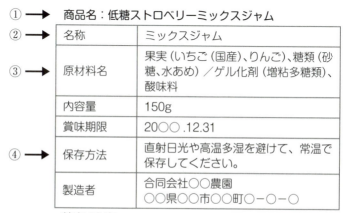

① → 商品名：低糖ストロベリーミックスジャム

② →	名称	ミックスジャム
③ →	原材料名	果実（いちご（国産）、りんご）、糖類（砂糖、水あめ）／ゲル化剤（増粘多糖類）、酸味料
	内容量	150g
	賞味期限	20○○.12.31
④ →	保存方法	直射日光や高温多湿を避けて、常温で保存してください。
	製造者	合同会社○○農園 ○○県○○市○○町○-○-○

糖度58度
使用上の注意：開封後は、10℃以下で保存してください。

次のレトルトパウチ食品の表示例の中で、最も不適切なものを選択肢の中から1つ選びなさい。

《前提条件》
食べる際に調理が必要なもの

① → 〈3人前〉

名称	まあぼ豆腐のもと
原材料名	豚肉（米国産）、野菜（ねぎ、しょうが、にんにく）、しょうゆ、でん粉、豆板醤、砂糖、植物油脂、味噌、食塩、香辛料／調味料（アミノ酸等）、(一部に小麦・大豆・豚肉・ごまを含む)
② → 殺菌方法	120℃　4分間
③ → 内容量	200g
賞味期限	20○○.12.31
④ → 保存方法	直射日光を避けて、常温で保存してください。
製造者	株式会社○○食品 ○○県○○市○○町○-○-○

●本品はレトルトパウチ食品です。
〈調理方法（3人前）〉
1. ……
2. ……
3. ……

次のはちみつの表示例の中で、はちみつ類の表示に関する公正競争規約に基づく表示として最も不適切なものを選択肢の中から1つ選びなさい。

《前提条件》
精製していない国産のアカシアはちみつを100％使用

① → 商品名：○○の天然はちみつ

名称	はちみつ
原材料名	アカシアはちみつ（国産）
内容量	150g
賞味期限	20○○ .10
保存方法	直射日光、高温多湿を避けて常温で保存してください。
製造者	株式会社　○○食品 ○○県○○市○○町○-○-○

② → 原材料名
③ → 内容量
④ → 1歳未満の乳児には与えないでください。

次の6枚切りの包装食パンの表示例の中で、**最も不適切なもの**を選択肢の中から1つ選びなさい。

① →	名称	食パン
② →	原材料名	小麦粉（国内製造）、砂糖、バター、パン酵母、食塩／乳化剤（大豆由来）、イーストフード、カゼインNa（乳由来）、ビタミンC
③ →	内容量	350g
	消費期限	20○○.7.1
④ →	保存方法	直射日光、高温多湿を避けて保存してください。
	製造者	株式会社　○○製パン ○○県○○市○○町○-○-○

1斤（1斤は340g以上です。）

次の国産のもちの表示例の中で、最も不適切なものを選択肢の中から1つ選びなさい。

《前提条件》
配合：大豆（中国産）45％、もち米（国産）40％、エンドウ豆（国産）8％、でん粉（国産）5％、ごま（中国）1％、食塩（国産）1％

商品は無地の袋に入れ、下記の表示のほか、栄養成分表示と識別表示を印字したラベルシールのみ貼付して販売する。
売場にも特にPOPによる表示はしない。

	名称	豆もち
①→	原材料名	大豆（中国産）、もち米、エンドウ豆、でん粉、ごま、食塩
②→	内容量	200g
③→	賞味期限	20○○.11.30
	保存方法	直射日光、高温多湿を避け常温で保存してください。
④→	製造者	○○　太郎　（○○菓子舗） ○○県○○市○○町○－○－○

次の食品衛生法に基づいて乳児用食品の規格が適用された飲料の表示例の中で、食品表示基準に基づく表示として最も不適切なものを選択肢の中から1つ選びなさい。

《主要面の表示》

```
ベビー飲料
　　お子様ドリンク
```

① →

名称	10％混合果汁入り飲料
原材料名	果実（もも、りんご）、果糖ぶどう糖液糖／香料、酸味料、酸化防止剤（V.C）
原料原産地名	国産（もも）
内容量	80ml
賞味期限	20○○年2月
保存方法	直射日光を避け常温で保存してください。
製造者	○○飲料株式会社 ○○県○○市○○町○-○-○

② → （原材料名の行）
③ → （原料原産地名の行）
④ → 【乳児用規格食品】

次のレギュラーコーヒーの表示例の中で、レギュラーコーヒー及びインスタントコーヒーの表示に関する公正競争規約に基づく表示として<u>最も不適切なもの</u>を選択肢の中から1つ選びなさい。

《前提条件》
レギュラーコーヒーを細挽きにしたもの

	品名	レギュラーコーヒー
①→	原材料名	コーヒー豆(生豆生産国名　ブラジル、コロンビア)
②→	内容量	40g（8g×5袋）
	賞味期限	20〇〇.7.30
	保存方法	直射日光、高温多湿を避けて保存してください。
③→	使用上の注意	開封後はできるだけ早く使用してください。
④→	形状	細挽き
	製造者	株式会社〇〇珈琲 〇〇県〇〇市〇〇町〇－〇－〇

次の酒類の陳列場所（お酒売場）の表示例の中で、表示することが義務付けられているものを選択肢の中から1つ選びなさい。

①
お酒コーナー
管理責任者　○○太郎
連絡先住所　○○県○○市○
　　　　　　○町1-1
連絡先電話番号　XXX-XX-XXXX

②
お酒コーナー
未成年者の飲酒は法律で禁止されています。

③
お酒コーナー
20歳以上の年齢であることを確認できない場合には酒類を販売しません。

④
お酒コーナー
妊娠中や授乳期の飲酒は、胎児・乳児の発育に悪影響を与えるおそれがあります。

5 表示の個別解説

問 107 「添加物の役割」に関する次の選択肢の中で、その内容が最も不適切なものを1つ選びなさい。

① 光沢剤は、水分の蒸発を防いだり、逆に湿気から食品を保護するためのもので、シェラック、パラフィンワックス、ミツロウがある。
② 着色料は、食品中の成分と結合して色調を整えるためのもので、硝酸Kや亜硝酸Naがある。
③ 乳化剤は、水と油のように本来混じり合わないものを混ぜ合わせるためのもので、ダイズサポニンや卵黄レシチンがある。

問 108 「添加物の表示」に関する次の選択肢の中で、その内容が最も不適切なものを1つ選びなさい。

① 加工食品に使用した添加物は、添加物に占める重量の割合の高い順に表示する。
② 指定添加物、既存添加物及び一般飲食物添加物は、物質名以外に「類別名」で表示することができる。
③ 複合原材料に使用した添加物は、製品に含まれる他の添加物と区別して、重量の割合の高い順に表示する。

問109 「添加物の表示」に関する次の選択肢の中で、その内容が最も不適切なものを1つ選びなさい。

① 容器包装して販売する凍結させた切り身魚に酸化防止の目的で使用した添加物の表示は省略できない。
② 容器包装して販売するシアン化合物を含有する豆類に保存の目的で使用した添加物の表示は省略できる。
③ 「ばら売り」や「量り売り」で販売される生鮮食品については、添加物の表示義務はないが、防かび剤を使用した生鮮食品に関しては添加物を表示することが指導されている。

 問110 「添加物の表示」に関する次の選択肢の中で、その内容が最も不適切なものを1つ選びなさい。

① 甘味料のサッカリンを使用した食品は、ばら売りであっても売場にサッカリンを使用している旨を表示することが指導されている。
② 同種の機能の添加物であるリン酸及びリン酸三ナトリウムを併用する場合は、リン酸（Na）と簡略化して表示することができる。
③ 公衆衛生上の見地から、情報として必要性が高いと考えられる保存料や苦味料は、物質名にその用途名を併記しなければならない。

「アレルギー表示」に関する次の選択肢の中で、その内容が最も不適切なものを1つ選びなさい。

① ゼラチンは牛や豚を原材料として製造されることが多いが、ゼラチンそのものによりアレルギー疾患が起こることなどからアレルギー表示としては「ゼラチン」と表示する。
② 原材料名欄は個別表示、添加物欄は一括表示といったように、欄を分けたものは個別表示と一括表示を組み合わせて表示できる。
③ 特定原材料を含む添加物がキャリーオーバーに該当し、最終製品に表示されない場合は、特定原材料を「一括表示」する。

 「アレルギー表示」に関する次の選択肢の中で、その内容が最も不適切なものを1つ選びなさい。

① 特定原材料を含む旨の表示は、「個別表示」を原則としている。
② 乳を含む添加物について「個別表示」をする場合は、「乳成分由来」と表示する。
③ アレルギー表示を個別に行う場合、2種類以上の原材料又は添加物に同一の特定原材料が含まれているときは、いずれかに表示すれば、それ以外は省略することができる。

問113 「添加物のアレルギー表示」に関する次の選択肢の中で、その内容が最も不適切なものを1つ選びなさい。

① 香料は、実際にアレルギー疾患を引き起こしたという知見が乏しいため、必ずしもアレルギー表示を行う必要はない。
② 「卵殻カルシウム」のように、特定原材料の文字が表示されていれば、その名称をもってアレルギー表示を省略することができる。
③ 添加物がキャリーオーバーに該当する場合は、添加物の表示が免除されるため、特定原材料8品目に由来するアレルギー表示も省略することができる。

問114 「アレルゲンのコンタミネーション」に関する次の選択肢の注意喚起表示例の中で、その内容が最も不適切なものを1つ選びなさい。

① 本品製造工場ではピーナッツを含む製品を製造しています。
② 本品で使用しているしらすは、かにが混ざる漁法で採取しています。
③ 本品で使用しているイトヨリダイは、えびを捕食している可能性があります。

「遺伝子組換え食品」に関する次の選択肢の中で、その内容が最も不適切なものを1つ選びなさい。

① 国内で安全性審査の手続きを経た遺伝子組換え農産物には、大豆、なたね、アルファルファ、パパイヤがある。
② 消費者庁から出された指針等で示す分別生産流通管理と異なっていても、これと同等又は同等以上の信頼性及び追跡可能性のある方法で管理することは認められている。
③ 分別生産流通管理とは、非遺伝子組換え農産物に限定して、生産、流通、加工の各段階で分別管理し、その旨を書類により証明する管理方法をいう。

「遺伝子組換え食品の表示」に関する次の選択肢の中で、その内容が最も不適切なものを1つ選びなさい。

① 輸入した食品については、当該国の表示に使用された「GMO」の用語を遺伝子組換えである旨の表示として使用することができる。
② 対象となる加工食品について、原材料として使用した遺伝子組換え農産物が「主な原材料」に該当する場合は、表示が義務付けられている。
③ 分別生産流通管理が確実に行われている遺伝子組換えでない大豆については、任意で「大豆（分別生産流通管理済み）」と表示できる。

問117 「遺伝子組換え食品の表示」に関する次の選択肢の中で、その内容が最も不適切なものを1つ選びなさい。

① 特定遺伝子組換え農産物を意図的に混合した加工食品について、「大豆（ステアリドン酸産生遺伝子組換えのものを60％混合）」等と表示することができる。
② EPA産生なたねのように従来の農産物と組成や栄養価が異なる遺伝子組換え農産物を特定遺伝子組換え農産物という。
③ 高リシンとうもろこしを原材料としたコーン油には、高リシン遺伝子組換えである旨を表示する。

問118 「有機食品の表示」に関する次の選択肢の中で、その内容が最も不適切なものを1つ選びなさい。

① 有機加工食品の原材料として使用した有機農産物、有機加工食品又は有機畜産物の原材料名は、その一般的な名称に「有機」等の文字を冠して表示する。
② 転換期間中のほ場で生産された有機農産物を原材料とした有機農産物加工食品は、名称及びその原材料名の前又は後ろに「転換期間中」と表示する。
③ 有機JASマークを貼付しない国産の畜産物には、オーガニック、有機などの表示はできないが、organicと表示をすることができる。

問119 「有機食品」に関する次の選択肢の中で、その内容が最も不適切なものを1つ選びなさい。

① 有機JASマークの貼付は、有機JASに適合していることを証明するものである。
② 名称の表示の適正化を図ることが必要なものとして、有機農産物、有機畜産物及び有機農畜産物加工食品が「指定農林物資」に指定されている。
③ れき耕栽培わさびは、液体肥料の使用や水質を管理することにより「有機」と表示することができる。

問120 「特別栽培農産物のガイドラインによる表示」に関する次の選択肢の中で、その内容が最も不適切なものを1つ選びなさい。

① 容器包装に一括して表示すべき事項に「特別栽培農産物の名称」「栽培責任者」がある。
② 節減対象農薬の使用状況については、容器包装又は票片（表示票）に表示するが、表示が困難な場合は、情報提供できる窓口を一括表示枠内に表示する。
③ 農林水産省のガイドラインに従って一括表示欄に具体的な内容が表示されている場合は、一括表示枠外に「減農薬」「無化学肥料」と表示することができる。

問 121

「特色のある原材料の表示」に関する次の選択肢の中で、その内容が最も不適切なものを1つ選びなさい。

① 特色のある原材料の表示の規定は、原材料の特色について特別に強調された表示による消費者の誤認を防止することを目的としている。

② 特色のある原材料表示の規定は、一般用加工食品に適用され、酒類には適用されない。

③ 特色のある原材料を使用したことを表示する場合、その使用割合を併せて表示する必要があるが、使用割合が95％以上である場合には使用割合の表示を省略することができる。

問 122

「地域団体商標」に関する次の選択肢の中で、その内容が最も不適切なものを1つ選びなさい。

① 地域団体商標は、個人で出願できるが、外国法人は出願できない。

② 地域団体商標は、一定の地理的範囲で、ある程度有名になっていることが登録条件の1つである。

③ 商標権を取得すれば、商品の名称を財産として守り、ブランドの価値の維持・向上を図ることができる。

問 123 「保健機能食品」に関する次の選択肢の中で、その内容が最も不適切なものを1つ選びなさい。

① 保健機能食品は、特定保健用食品、機能性表示食品及び栄養機能食品の3つに分類される。

② 特定保健用食品とは、消費者庁長官の許可又は承認を受けて、その摂取により当該保健の目的が期待できる旨の表示をする食品のことをいう。

③ 栄養機能食品とは、特定の栄養成分を補給するために利用され、消費者庁長官の許可又は承認を受けて、その栄養成分について表示している食品である。

問 124 「栄養機能食品」に関する次の選択肢の中で、その内容が最も不適切なものを1つ選びなさい。

① 栄養機能食品である一般用生鮮食品は、必要事項を容器包装以外に表示して販売することができる。

② 常温で保存すること以外に留意すべき事項がないものは、保存方法の表示を省略することができる。

③ 表示内容の主旨が同じであっても、定められた「栄養成分の機能」及び「摂取をする上での注意事項」に、変化を加えることや省略はできない。

問 **125**

「機能性表示食品」において、表示可能な機能の範囲に関する次の選択肢の中で、その内容が<u>最も不適切なもの</u>を1つ選びなさい。

① 疾病の予防に適する旨
② 身体の生理機能、組織機能の良好な維持に適する又は改善に役立つ旨
③ 容易に測定可能な体調の指標の維持に適する又は改善に役立つ旨

問 **126**

「特定保健用食品」に関する次の選択肢の中で、その内容が<u>最も不適切なもの</u>を1つ選びなさい。

① 「特定保健用食品」とは、身体の生理学的機能などに影響を与える保健効能成分を含み、その摂取により当該保健の目的が期待できる旨の表示をする食品をいう。
② 特定保健用食品の有効性及び安全性については、製品ごとに国によって審査され、表示については、消費者庁長官の許可又は承認を受ける必要がある。
③ 特定保健用食品は、「特定保健用食品」「特定保健用食品（基準準拠型）」「条件付き特定保健用食品」の3つに区分されている。

問127 特定保健用食品を除く「特別用途食品」に関する次の選択肢の中で、その内容が最も不適切なものを1つ選びなさい。

① 特別用途食品は、食品に本来含まれている栄養成分を増減して、健康上特別な状態にある人の発育又は健康の保持、もしくは回復のために供されることを目的としている。
② 特別用途食品には、「病者用食品」「えん下困難者用食品」がある。
③ 特別用途食品の関与成分について、疾病リスク低減効果が医学的・栄養学的に確立されている場合、疾病リスク低減表示を認められている。

 問128 特定保健用食品を除く「特別用途食品」及びそのマークに関する次の選択肢の中で、その内容が最も不適切なものを1つ選びなさい。

① 特別用途食品には、食品表示基準に基づく名称のほかに、許可等を受けた商品名を表示する。
② 特別用途食品マークを貼付する食品には、バランスの取れた食生活の普及啓発を図る文言(「食生活は、主食、主菜、副菜を基本に、食事のバランスを。」)の表示が義務付けられている。
③ 特別用途食品マークには、「乳児用食品」「妊産婦用食品」等の区分を記載する。

「景品表示法」に関する次の選択肢の中で、その内容が最も不適切なものを1つ選びなさい。

① 景品表示法では、不当な表示の禁止や過大な景品類の提供の規制によって、一般消費者の利益を保護している。
② 景品表示法では、商品への直接表示のほか、インターネット広告や飲食店のメニュー表示も規制の対象となる。
③ 景品表示法に対する違反行為について、事業者が自主申告し、消費者への自主返金を行った場合であっても、課徴金が減額されることはない。

 「景品表示法」に関する次の選択肢の中で、その内容が最も不適切なものを1つ選びなさい。

① 事業者が、顧客を誘引するための手段として、くじにより自己の供給する役務の取引に付随して相手方に提供する物品で、経済産業省が指定するものは、景品に該当する。
② 「事業者が講ずべき景品類の提供及び表示の管理上の措置についての指針」で掲げられる内容の1つに、法令遵守の方針等の明確化がある。
③ 景品表示法で「規格」とは、国、公共機関、民間団体などが定めた一定の要件を満たすことで自動的に、又は認証などを経て表示することができる等級などを指す。

「米トレーサビリティ法」に関する次の選択肢の中で、その内容が最も不適切なものを1つ選びなさい。

① 取引の際に記録しなければならない項目は、名称、産地、数量、搬出入年月日、取引先名、搬出入した場所及び用途である。
② 一般用加工食品として販売する容器包装に入れられた米飯類は、当該容器包装に、原材料の米穀の原産地が具体的に表示されていれば、伝票類への産地の記録は必要ない。
③ 記録を作成した日から賞味期限までの期間が3年を超える商品については、6年間記録を保存する必要がある。

「米トレーサビリティ法」に関する次の選択肢の中で、その内容が最も不適切なものを1つ選びなさい。

① 「指定米穀等」とは、その流通及び消費の状況から見て、米穀事業者及び一般消費者が、その購入等に際して、その産地を識別することが重要と認められる米穀等をいう。
② 「指定米穀等」には、家畜用飼料の原料となる米穀を含むが、バイオエタノールの原料となる米穀は含まれない。
③ 産地が国内の場合は、「国産」である旨又は都道府県名、その他一般に知られている地名で表示することができる。

問
133

「米トレーサビリティ法における一般消費者への産地情報伝達」
に関する次の選択肢の中で、その内容が最も不適切なものを1
つ選びなさい。

① 産地が外国の場合は、「原産国名」に代えて「一般に知られ
ている地名」で表示することができる。
② 産地が国内の場合は、「国産」に代えて「都道府県名」「そ
の他一般に知られている地名」で表示することができる。
③ 産地が3か国以上ある場合は、上位2か国を表示し、3か
国目以降は「その他」と表示することができる。

問
134

「牛トレーサビリティ法」に関する次の選択肢の中で、その内
容が最も不適切なものを1つ選びなさい。

① 牛トレーサビリティ法では、牛海綿状脳症のまん延を防止
するための措置として、牛の個体の識別のための情報の適
正な管理について定めている。
② 牛肉に係る個体識別のための情報を提供することにより、
畜産及びその関連産業の健全な発展並びに消費者の利益の
増進を目的としている。
③ 個体識別番号は一元的に管理され、その牛の性別や種別、
出生からとさつ・死亡までの飼養地などの情報を独立行政
法人農林水産消費安全技術センターが「牛個体識別台帳」
に記録している。

84

「牛トレーサビリティ法」に関する次の選択肢の中で、その内容が最も不適切なものを1つ選びなさい。

① 「特定牛肉」に該当する牛肉には、牛個体識別台帳に記録された牛から得られた肉であって、と畜後の部分肉製造、卸売段階における枝肉及び部分肉が含まれる。
② 「特定料理提供業者」に該当する事業者は、「焼き肉」「しゃぶしゃぶ」「すき焼き」「ステーキ」を提供するすべての事業者である。
③ 対象とならない牛肉には、「挽肉」、「レバー」がある。

「牛トレーサビリティ法」に関する次の選択肢の中で、その内容が最も不適切なものを1つ選びなさい。

① インターネットを通じて特定牛肉を販売する事業者にも個体識別番号の表示が義務付けられている。
② 牛肉を原材料とした製品を製造加工し、その卸売を行う製造業者は、個体識別番号の表示、帳簿の備付けが義務付けられている。
③ 特定牛肉を使用して弁当等を調理し、その小売を行う中食業者は、個体識別番号の表示、帳簿の備付けは義務付けられていない。

問 137

「業務用食品」に関する次の選択肢の中で、その内容が最も不適切なものを1つ選びなさい。

① 「乳児用規格適用食品である旨」の表示は、容器包装に入れ食品工場へ納品される業務用加工食品の義務表示事項に該当する。

② インストア加工用の原料に使用される生鮮食品を、容器包装に入れずに販売する場合は、表示義務の対象とはならない。

③ 業務用酒類には、「品目」「原材料名」「アレルゲン」「原産国名」の表示の必要はない。

問 138

「業務用加工食品の義務表示事項」に関する次の選択肢の中で、その内容が最も不適切なものを1つ選びなさい。

① 容器包装に入れずに、食品工場やセントラルキッチンに納品する場合は、「消費期限又は賞味期限」「保存方法」の表示は不要である。

② 容器包装に入れて外食やインストア加工用に納品する場合、「原材料名」「原料原産地名」「原産国名」の表示は不要である。

③ 容器包装に入れずに外食やインストア加工用に納品する場合は、「名称」「消費期限又は賞味期限」の表示が必要である。

「酒類」に関する次の選択肢の中で、その内容が最も不適切なものを1つ選びなさい。

① 酒税法における酒類とは、アルコール分1度以上の液体の飲料と定義されており、粉末状のものは含まれない。
② 酒類業組合法では、「酒類の製造業者の氏名又は名称」「製造場の所在地」「酒類の品目」「内容量」「アルコール分」等の表示が義務付けられている。
③ 酒税法及び酒類業組合法において、酒類の「容器」とは、酒類を収容し当該酒類とともに消費者（酒場、料理店を含む。）に引き渡される瓶、缶、樽等の器をいう。

「酒税の保全及び酒類業組合等に関する法律（酒類業組合法）」に関する次の選択肢の中で、その内容が最も不適切なものを1つ選びなさい。

① 酒類とともに消費者に引き渡されることを予想して制作された化粧箱等の包装にも、酒類の表示が必要である。
② 容量が100ml未満の見本用の酒類であって「見本」又は「見本用」と明記されていても酒類の表示が必要である。
③ 「品評会」「鑑評会」等に出品する酒類には、酒類の表示は不要である。

「酒類の表示」に関する次の選択肢の中で、その内容が最も不適切なものを1つ選びなさい。

① 清酒における「原料原産地」の表示は、食品表示基準により義務付けられている。
② 酒類の「有機」又は「オーガニック」の表示は、JAS法により規定されている。
③ 「20歳未満の者の飲酒は法律で禁止されている」旨の表示は、「二十歳未満ノ者ノ飲酒ノ禁止ニ関スル法律」により義務付けられている。

「資源有効利用促進法」に関する次の選択肢の中で、その内容が最も不適切なものを1つ選びなさい。

① 容器包装の識別マークは、分別回収やリサイクルを通して資源の有効利用を促すことを目的とし、消費者が容易に分別排出できるようにするためのものである。
② 容器包装の識別マークは、分別排出できるよう材質を示しており、その特性をよく知る容器包装の製造業者のみに、容器包装の識別マークを付する義務がある。
③ 資源有効利用促進法の取組みのうち、リデュースとは、製品の省資源化・長寿命化等による廃棄物の発生を抑制することである。

「容器包装の識別マーク」に関する次の選択肢の中で、その内容が最も不適切なものを1つ選びなさい。

① 容量が150ml未満のペットボトルには、識別マークの表示の義務はない。
② ペットボトルの識別マークの対象となる特定調味料には、しょうゆ、アルコール発酵調味料、食酢、分離液状ドレッシングがある。
③ 指定表示製品として識別マークの対象とならない段ボールには、任意のマークとして国際段ボール協会が定めた段ボールのリサイクル推進シンボルがある。

 「任意の食品マーク」に関する次の選択肢の中で、その内容が最も不適切なものを1つ選びなさい。

① 「JASマーク」には、有機JAS、特色JASのそれぞれのマークのほか、品位、成分、性能等の品質についてのJASで定められた規格を満たす食品に付けられるマークがある。
② 飲用乳や、特定保健用食品などに付されている「公正マーク」は、公正競争規約に参加している事業者の商品で、規約に従い適正な表示をしていると認められる商品に表示される。
③ 民間の事業者団体等がアルミを使用した紙パックなどに、リユースやリサイクルを進める目的で識別マークを定めているものがある。

「飲食店における表示」に関する次の選択肢の中で、その内容が最も不適切なものを1つ選びなさい。

① 牛ユッケなどの「生食用食肉」を提供する場合は、一般的に食肉の生食は食中毒のリスクがある旨の注意を喚起する表示が必要である。
② 白飯、チャーハンなど、米飯として提供される米の産地情報の伝達が必要である。
③ 「外食・中食におけるアレルゲン情報の提供に向けた手引き」により、アレルゲンの情報提供が義務付けられている。

「外食・中食における原料原産地情報提供ガイドライン」に関する次の選択肢の中で、その内容が最も不適切なものを1つ選びなさい。

① 対象となる事業者は、小規模事業者を除く、外食事業者及びインストア加工による惣菜・弁当、量り売り等の販売形態で営む中食事業者である。
② 使用されている主要原材料が加工食品の場合でも、主要原材料に使用された生鮮食品の原産地がわかっている場合には、その原産地を情報提供することを推奨している。
③ 飲食店での表示場所は、メニューブック、店内ポスター、卓上メニューなど店舗の規模や形態に合わせて表示することができる。

問147

「計量法」に関する次の選択肢の中で、その内容が最も不適切なものを1つ選びなさい。

① 計量法は、物象の状態の量を計るための計量の基準を定め、適正な計量の実施を確保し、もって経済の発展及び文化の向上に寄与することを目的としている。
② 物象の状態の量を計るとは、長さ、質量、体積、面積、速さ、時間、温度、電力など、さまざまな物象の状態を計量することをいう。
③ 適正な計量の実施の確保として、計量者の保護を目的とする商品量目制度や、はかりの定期検査義務がある。

問148

「計量法の量目制度」に関する次の選択肢の中で、その内容が最も不適切なものを1つ選びなさい。

① 商品量目制度では、売買契約による当事者間の権利義務関係、取引の安全等の観点等から販売者に量目公差義務を課している。
② 消費者が合理的な商品選択を行う上で量目の確認が適当と考えられるものを「特定商品」に指定し、そのうち特性上必要なものに量目公差を課している。
③ 「特定商品」の一部は法定計量単位以外でその内容量を表示することができる。

問149

「計量法の商品量目制度」に関する次の選択肢の中で、その内容が最も不適切なものを1つ選びなさい。

① 「特定商品」には、合成洗剤や灯油など食品以外のものも含まれる。
② 内容量を表示する場合は、特定物象量を表す数値が1万以上とならないような計量単位を用いて表示する。
③ 1本20gの棒付きキャンデーを密封して販売する場合は、法定計量単位を用いて量目公差内で計量しなくてはならない。

次の文は、「特色のある原材料の表示」についてまとめたものである。次のア～エの部分にあてはまる最も適切なものを、下記語群の選択肢の中から1つ選びなさい。

　特色のある原材料を使用した旨を強調して表示する場合、表示する特色のある原材料の【　ア　】又は、特色のある原材料と同一の種類の原材料に占める重量の割合及び同一の種類の原材料に占める割合である旨を【　イ　】又は原材料名の次に括弧を付して表示する。

　使用割合は、△％又は△割と表示する。ただし、「△割」と割合表示を行う場合には、【　ウ　】した数字を表示する。なお、やむを得ぬ事情により使用割合が変動する場合は、幅を持たせた表示を行うことができる。例えば、季節により使用割合が45％～52％の範囲で変動する場合は、【　エ　】のように表示する。

[語群]
ア．① 比較対象品に対する重量比率
　　② 製品の原材料及び添加物に占める体積の割合
　　③ 製品の原材料及び添加物に占める重量の割合

イ．① 主要面の目立つ箇所
　　② 別記様式に近接する箇所
　　③ 特色のある原材料の強調表示に近接する箇所

ウ．① 切り上げ　　② 切り捨て　　③ 四捨五入

エ．① 45％～52％　② 45％以上　③ 5割以上

問151 次の文は、「保健機能食品」についてまとめたものである。次のア〜エの部分にあてはまる最も適切なものを、下記語群の選択肢の中から1つ選びなさい。

　保健機能食品は、「特定保健用食品」「栄養機能食品」及び「【　ア　】」の3つに分類される。
　栄養機能食品とは、特定の栄養成分の補給のために利用される食品で、食品表示基準の施行により、対象範囲が容器包装され一般消費者に販売される加工食品及び【　イ　】に拡大された。機能性が表示できる栄養成分は、食品表示基準で定められた【　ウ　】、ビタミン類及びn-3系脂肪酸であり、当該成分の【　エ　】当たりの摂取目安量に含まれる栄養成分量が、上・下限値の基準に適合している必要がある。

［語群］
ア．① いわゆる健康食品　　② そしゃく配慮食品
　　③ 機能性表示食品

イ．① サプリメント　② 生鮮食品　③ 鶏卵

ウ．① ミネラル類　② 食物繊維　③ 飽和脂肪酸

エ．① 体重　　② 1食　　③ 1日

次の文は、「業務用食品の表示」についてまとめたものである。次のア～エの部分にあてはまる最も適切なものを、下記語群の選択肢の中から1つ選びなさい。

　業者間取引では【　ア　】及び健康の保護・増進に資する情報以外については、容器包装以外の送り状等の表示媒体に記載することができる。この場合、食品と送り状等の【　イ　】を確保し、正確な情報が伝達される必要がある。
　なお、【　ウ　】の取引については、取引を行う者がそれぞれ表示責任者となるのではなく、その企業が全体として表示責任者となることから表示義務の対象とならない。また製造等の行為を行うか否かにかかわらず【　エ　】は、表示義務が生じる。

[語群]
ア．① 安全性の確保　　　② 資源の有効利用の促進
　　③ 選択の機会の確保

イ．① 視認性　　　② 同一性　　　③ 独立性

ウ．① 同一企業内　　　　② グループ企業間
　　③ 委託元と委託先

エ．① 輸送業者　　　② 卸売業者　　　③ 輸入手続き代行者

問153 次の文は、「飲食店における表示」についてまとめたものである。次のア〜エの部分にあてはまる最も適切なものを、下記語群の選択肢の中から1つ選びなさい。

　生食用の牛肉を飲食店で容器包装に入れないでそのまま提供する場合も、食品衛生法で定められた生食用食肉の【　ア　】に合致したもの以外は提供できず、注意喚起として、「【　イ　】」「子供、高齢者その他食中毒に対する抵抗力の弱い人は食肉の生食を控えるべきこと。」の表示を、店舗の見やすい場所などに掲示する。
　また、「焼き肉」「ステーキ」「しゃぶしゃぶ」「【　ウ　】」を主な料理として提供する【　エ　】提供業者は、牛トレーサビリティ法に従って個体識別番号又は荷口番号の情報を消費者に伝達しなければならない。

［語群］

ア．① 表示基準　　② 規格基準　　③ 食品標準成分

イ．① 幼児の飲食は禁止されていること。
　　② 体調に異変を感じた際は、医師の診断をうけること。
　　③ 一般的に食肉の生食は食中毒のリスクがあること。

ウ．① 煮込み　　② すき焼き　　③ ハンバーグ

エ．① 指定料理　　② 認定料理　　③ 特定料理

次の文は、「景品表示法」についてまとめたものである。次のア〜エの部分にあてはまる最も適切なものを、下記語群の選択肢の中から1つ選びなさい。

　景品表示法は、【　ア　】の自主的かつ合理的な選択を阻害するおそれのある行為の制限や禁止について定めることで、【　ア　】の利益を保護することを目的としている。
　景品表示法においては、"【　イ　】"のような、商品・サービスの品質・規格その他の内容についての不当な表示を【　ウ　】といい、"一部の商品だけ5割引なのに「全品5割引」と表示"のような、商品・サービスの価格その他の取引条件についての不当な表示を【　エ　】という。

［語群］
ア．① 一般消費者　　　　　② 業者間
　　③ 適格消費者団体

イ．① 実際には存在しない「メーカー希望小売価格」と比較して○割引と表示
　　② ジュースの果汁成分が60%にもかかわらず「100%果汁」と表示
　　③ ばら売りの価格と同じにもかかわらずセット売り商品に「お徳用」と表示

ウ．① 有効誤認表示　　② 優良誤認表示　　③ 有利誤認表示

エ．① 有効誤認表示　　② 優良誤認表示　　③ 有利誤認表示

次の文は、「米トレーサビリティ法」についてまとめたものである。次のア～エの部分にあてはまる最も適切なものを、下記語群の選択肢の中から1つ選びなさい。

　米トレーサビリティ法に基づき、消費者へ産地情報を伝達する場合、【　ア　】については、【　イ　】に基づく表示をすることで産地情報の伝達をしたことになる。
　また、【　ウ　】については米飯類の産地情報を伝達する必要があるが、【　エ　】、五平餅等については産地情報を伝達する義務はない。

[語群]
ア．① 雑穀　　　　② 米ぬか　　　　③ 精米

イ．① 食糧法　　　② 食品表示基準　③ 公正競争規約

ウ．① 病院食
　　② 学校給食
　　③ レストランで提供される料理

エ．① きりたんぽ　② パエリア　　　③ オムライス

次の文は、容器包装の3R（リデュース、リユース、リサイクル）の取組みについてまとめたものである。次のア〜エの部分にあてはまる最も適切なものを、下記語群の選択肢の中から1つ選びなさい。

　「資源の有効な利用の促進に関する法律」は、3Rの取組みを行うことで、【　ア　】経済システムを構築していくことを目的としている。また、3Rの取組みの一環として、「【　イ　】」「【　ウ　】」等の容器包装に識別マーク等の表示を行うことを義務付けている。
　なお、「容器包装に係る分別収集及び再商品化の促進等に関する法律」は、【　エ　】、市町村、事業者が3者一体となり容器包装廃棄物の削減に取組むことを義務付けている。

［語群］

ア．① 循環型　　　　② 自己完結型　　　③ 消費抑制型

イ．① 紙製容器
　　② 段ボール製容器
　　③ スチール製容器（飲料、酒類用缶以外）

ウ．① ガラス製容器
　　② プラスチック製容器
　　③ アルミ製容器（飲料、酒類用缶以外）

エ．① 国　　　　　② 生産者　　　　③ 消費者

問 157

次の文は、「添加物の表示」についてまとめたものである。次のア～クの部分にあてはまる最も適切なものを、下記語群の選択肢の中から1つ選びなさい。

　添加物は、物質名による表記が原則であるが、【　ア　】上の見地から、情報として必要性が高いと考えられる【　イ　】、甘味料等、8種類の目的で使用する場合は物質名とともに【　ウ　】の併記が必要である。

　また、通知で列挙した添加物を、その定義にかなう用途で用いる場合については【　エ　】で表示することが認められており、複数の組み合わせで効果を発揮することが多く、個々の成分まですべてを表示する必要性が低いと考えられる乳化剤や【　オ　】等、14種類の用途で使用する添加物が該当する。

　なお、【　カ　】、キャリーオーバーや栄養強化の目的で使用するビタミン類、ミネラル類、【　キ　】類については表示が免除されている。ただし、栄養強化の目的で使用した場合であっても、【　ク　】や果実飲料のように、個別に表示義務があるものについては、表示する必要がある。

［語群］

ア．① 公衆衛生　　② 安全保障　　③ 社会福祉

イ．① 調味料　　　② 保存料　　　③ 苦味料

ウ．① 類別名　　　② 一括名　　　③ 用途名

エ．① 類別名　　　② 一括名　　　③ 用途名

オ．① 発色剤　　　② 糊料　　　　③ 香料

100

カ. ① 加工助剤　　　② 賦形剤　　　　③ 軟化剤

キ. ① アミノ酸　　　② 核酸　　　　　③ 有機酸

ク. ① パン類　　　　② 農産物漬物　　③ 煮干魚類

問158 次の文は、「アレルギー表示」についてまとめたものである。次のア〜クの部分にあてはまる<u>最も適切なもの</u>を、下記語群の選択肢の中から1つ選びなさい。

　食物アレルギーとは、人が食物を摂取した際に、食物に含まれるある特定の【　ア　】が体内で異物と認識され、異物を排除するための機能が働き過敏な反応を起こすことをいい、重篤な症状として、意識消失や呼吸困難などの【　イ　】ショックを引き起こす場合もある。これらの健康危害を防止するため、販売の用に供され、又は営業に使用される容器包装された【　ウ　】と添加物には、【　エ　】、乳、えび、かになどの特定原材料について表示の義務があるほか、りんご、バナナ、【　オ　】などの表示が推奨されている品目について可能な限り表示する必要がある。

　アレルギー表示を行う場合、原則として、個々の原材料又は添加物の直後に特定原材料等を含む旨を個別に表示する。一方、使用されている原材料の最後にまとめて特定原材料等を表示することを【　カ　】といい、特定原材料等そのものが原材料に使用されている場合や、【　キ　】表記等で表示されているものも含めすべて表示しなければならない。

　なお、特定原材料に由来する添加物にあっては、添加物表示が免除されるキャリーオーバーや、【　ク　】であっても、最終製品まで特定原材料についての表示が必要である。

[語群]

ア．①　リン脂質　　　②　たんぱく質　　③　アルコール

イ．①　アナフィラキシー　　　②　心原性
　　③　循環血液量減少性

ウ. ① 生鮮食品　　② 加工食品　　③ 食品全般

エ. ① 大豆　　　　② さば　　　　③ 小麦

オ. ① アーモンド　② 松の実　　　③ ピーナッツ

カ. ① 強調表示　　② 一括表示　　③ 統合表示

キ. ① 指定　　　　② 置換　　　　③ 代替

ク. ① 軟化剤　　　② 加工助剤　　③ 賦形剤

問159

次の文は、「牛トレーサビリティ法」についてまとめたものである。次のア～クの部分にあてはまる最も適切なものを、下記語群の選択肢の中から1つ選びなさい。

　牛トレーサビリティ法は、【　ア　】のまん延を防止するための措置の基礎とするとともに、牛の【　イ　】識別のための情報を提供することにより、畜産及びその関連産業の健全な発展並びに消費者の利益の増進を目的としている。

　牛トレーサビリティ制度の対象となる、国内で出生し【　ウ　】された牛及び海外から生体のまま輸入し、日本で【　ウ　】された牛から得られた肉であっても、内臓肉や【　エ　】については表示義務はない。

　この制度で牛肉の販売者に作成が義務付けられた帳簿には、特定牛肉の仕入れ・販売ごとにその年月日、相手先、【　オ　】、識別のための番号を記録する。また、これらの帳簿は1年ごとに新たに作成し、それまでの帳簿は【　カ　】年間は保存しなければならない。

　牛肉の販売業者は、識別のための番号を牛肉、容器、包装、【　キ　】、又は店舗の見やすい場所に表示を行うこととされている。また、特定料理提供業者は、店内の掲示板、メニューに個体識別番号を表示するが、複数の識別のための番号を表示する場合、表示の単位は【　ク　】ごととされている。

[語群]

ア．① 口蹄疫　　　　② ブルセラ症　　③ 牛海綿状脳症

イ．① 血統　　　　　② 個体　　　　　③ 鼻紋

ウ．① と畜　　　　　② 解体　　　　　③ 飼養

エ．① 挽肉　　　　② モモ肉　　　　③ バラ肉

オ．① 用途　　　　② 重量　　　　　③ 畜種

カ．① 1　　　　　② 2　　　　　　③ 3

キ．① チラシ　　　② ホームページ　③ 送り状

ク．① 1メニュー　② 1ロット　　　③ 1日

問 160

次の文は、「保健機能食品・特別用途食品の概要」についてまとめたものである。次のア〜クの部分にあてはまる最も適切なものを、下記語群の選択肢の中から1つ選びなさい。

　栄養機能食品とは、特定の栄養成分の補給のために利用される食品で、その栄養成分について機能の表示をしている食品である。対象食品は容器包装された一般用加工食品及び【　ア　】であり、規格基準が定められている栄養成分としては、カルシウム、鉄、ビタミンC、【　イ　】等がある。

　機能性表示食品とは、科学的根拠に基づいた機能性が、事業者の責任において表示されたものである。機能性表示食品の表示をしようとする場合、提出される資料の確認に特に時間を要するもの以外については、原則として販売【　ウ　】前までに、安全性、機能性の根拠に関する情報などを消費者庁長官へ届出を行い、受理される必要がある。

　機能性表示食品の対象は、保健機能を有する成分を含む容器包装に入れられた食品全般であり、アルコールを含有する飲料や「脂質、飽和脂肪酸、【　エ　】、糖類、【　オ　】」の過剰摂取につながる食品は、対象外となっている。表示の範囲は、原則として、疾病に罹患している人や、【　カ　】、妊産婦及び授乳婦を除く健康な人を対象とし、健康の維持・増進に関する表現のみを認めている。

　特別用途食品とは、本来食品に含まれている栄養成分を増減し、健康上特別な状態にある人の発育又は健康の保持もしくは回復のために供されることを目的とし、【　キ　】に基づく許可又は承認を受けた食品である。

　現在、特別用途食品には、「特定保健用食品」「病者用食品」「妊産婦・授乳婦用粉乳」「【　ク　】」等がある。

［語群］

ア. ① 添加物　　　　　　　② 業務用加工食品
　　③ 一般用生鮮食品

イ. ① ポリフェノール　　　② n-3系脂肪酸
　　③ 環状オリゴ糖

ウ. ① 60日　　　② 30日　　　③ 14日

エ. ① コレステロール　　　② α-リノレン酸
　　③ オレイン酸

オ. ① ヨウ素　　　② ナトリウム　　　③ カリウム

カ. ① 未成年者　　　　　　② スポーツ選手
　　③ 喫煙歴のある者

キ. ① 医薬品医療機器等法　② 食品衛生法
　　③ 健康増進法

ク. ① えん下困難者用食品　② 乳児用規格適用食品
　　③ そしゃく配慮食品

次の文は、「計量法」についてまとめたものである。次のア〜クの部分にあてはまる最も適切なものを、下記語群の選択肢の中から1つ選びなさい。

　商品量目制度では、消費者が合理的な商品選択を行う上で量目の確認が必要と考えられ、かつ【　ア　】を課すことが適当と考えられるものを「【　イ　】」に指定している。このうち、政令で定めたものを密封して販売する場合には、【　ウ　】を用いて内容量を計量し、さらに【　エ　】についての情報を併記する必要がある。

　計量法における「密封」とは、容器包装又はこれらに付した封紙を破棄しなければ、当該物象の状態の量を増加又は減少することができないようにすることをいい、【　オ　】については、該当しない。

　なお、【　カ　】で使用するはかりについては【　キ　】年に1回、【　ク　】の計量検定所などで検査を受けることが義務付けられている。

[語群]

ア．① 量目公差　　② 計量誤差　　③ 許容差

イ．① 指定表示製品　　② 特定物象　　③ 特定商品

ウ．① 法定計量単位　　② 国際単位　　③ 尺貫法による単位

エ．① 計量器の種類　　　　② 表記した者
　　③ 密封した日付

オ．① ねじ込み蓋の樽詰め　　② 開口部のホッチキス止め
　　③ のり付けした木箱

カ．① 一般の取引　② 原材料の計量　③ 内部工程管理

キ．① 1　　　　　② 2　　　　　③ 3

ク．① 農林水産省　② 国税庁　　③ 都道府県

問162

次の文は、任意表示としての「**特色のある原材料の表示、地理的表示、地域団体商標**」についてまとめたものである。次のア〜クの部分にあてはまる<u>最も適切なもの</u>を、下記語群の選択肢の中から1つ選びなさい。

　特色のある原材料の表示とは、商品を特徴づける原材料の強調表示であり、表示例として、【　ア　】や【　イ　】がある。一方、特色のある原材料に該当しない表示として、【　ウ　】を強調したものがある。なお、【　エ　】には、食品表示基準の特色のある原材料の規定は適用されない。

　わが国では、地理的表示を保護するため、「地理的表示法」が制定され、その対象となるのは、【　オ　】となっている。地理的表示に登録されるには、「【　カ　】な特性」や「人的な特性」が結び付いていることが求められ、その産品が一定期間継続して生産されていることが必要である。

　また、商標法が改正され、「地域団体商標制度」に基づき、地域団体商標の出願ができるようになり、商標は、【　キ　】と【　ク　】の組み合わせで登録される。

［語群］

ア．① 抹茶使用　　　　② トラフグ使用　　③ 黒糖たっぷり

イ．① 金華ハム入り　　② 玉露入り　　　　③ りんご酢入り

ウ．① 製造方法　　　　② 有機農産物　　　③ 商品名

エ．① 調理冷凍食品　　② 酒類　　　　　　③ はちみつ類

オ．① 添加物を除く飲食料品
　　② 医薬品、医薬部外品及び飲食料品
　　③ 酒類を除く農林水産物等

カ．① 固定的　　　　② 国際的　　　　③ 自然的

キ．① 国名　　　　　② 地域名　　　　③ 団体名

ク．① 商品名又は役務名　　　② 製法
　　③ 意匠

6 栄養成分表示の解説

 「栄養成分表示」に関する次の選択肢の中で、その内容が最も不適切なものを1つ選びなさい。

① 店頭に表示するPOPやポスターなどの容器包装以外のものに栄養に関する表示をする場合は、食品表示基準は適用されない。
② 消費税が免除される小規模事業者が製造した食品でも、課税対象となる事業者に卸し、その店舗で消費者に販売する場合は栄養成分の表示を省略できない。
③ 一般用添加物は、容器包装の表示可能面積がおおむね30cm^{2}以下であっても、栄養成分表示を省略できない。

 「栄養成分表示」に関する次の選択肢の中で、その内容が最も不適切なものを1つ選びなさい。

① 栄養成分表示の表示値は、消費期限又は賞味期限内に栄養成分の量が変動しても、定められた許容差の範囲内である必要がある。
② 販売時と喫食時の重量が調理で変化する粉末スープ等は、喫食時の栄養成分の量及び熱量を表示する。
③ 保健機能食品等を除いた食品については、合理的な推定により得られた値を、その値を設定した根拠資料を保管した上で、「推定値」等と記載すれば表示できる。

「栄養成分表示」に関する次の選択肢の中で、その内容が最も不適切なものを1つ選びなさい。

① 栄養成分表示として、鉄を「Fe」、カルシウムを「Ca」のように元素記号で表示できる。
② ポリフェノール、オリゴ糖等、定められた表示対象成分以外の成分を表示する場合は、線で区切るか、栄養成分表示の枠外に表示する。
③ 食物繊維の量を表示したい場合、炭水化物の量を表示し、その内訳として、糖質、糖類及び食物繊維の順にその量を表示する。

 「栄養成分表示」に関する次の選択肢の中で、その内容が最も不適切なものを1つ選びなさい。

① ナトリウム塩を添加していない食品は、食塩相当量に代えてナトリウムの量を表示できる。
② 近接した複数の栄養成分が「0(ゼロ)」と表示できる基準を満たす場合は、「たんぱく質、脂質：0g」のように一括して表示できる。
③ 栄養成分表示は、容器包装の見やすい場所に、邦文を用いて読みやすく表示する。

「栄養強調表示」に関する次の選択肢の中で、その内容が最も不適切なものを1つ選びなさい。

① 糖類を添加していない旨の表示をする場合の糖類とは、単糖類又は二糖類であって、糖アルコールでないものをいう。
② 原材料にジャムが使用されていても、製品に糖類が使用されていない場合は、糖類を添加していない旨の表示をすることができる。
③ 炭酸水素ナトリウム（重曹）を調味の目的ではなく、他の技術的な目的で添加する場合は、低減された旨の表示に定める基準値以下であれば、ナトリウム塩を添加していない旨の表示をすることができる。

次の栄養成分表示例の中で、最も不適切なものを選択肢の中から1つ選びなさい。

栄養成分表示 （100ml 当たり）			
① →	熱　　　　量 :	72	kcal
② →	蛋　白　質 :	4	g
	脂　　　　質 :	0	g
③ →	炭　水　化　物 :	14	g
④ →	食 塩 相 当 量 :	15	mg

問169 次の栄養成分表示例の中で、最も不適切なものを選択肢の中から1つ選びなさい。

	栄養成分表示　（100g当たり）		
① →	熱　　　　　量　：	297	kcal
	た ん ぱ く 質　：	5.0	g
	脂　　　　　質　：	11.9	g
	炭 水 化 物　：	45.1	g
② →	－ 糖　　　質　：	40.0	g
③ →	－ 糖　　　類　：	30.8	g
④ →	－ 食 物 繊 維　：	5.1	g
	食 塩 相 当 量　：	0.5	g

問170 次の推定値による栄養成分表示例の中で、最も不適切なものを選択肢の中から1つ選びなさい。

	栄養成分表示　1枚（10g）当たり		
① →	熱　　　　　量　：	58	kcal
② →	た ん ぱ く 質　：	1.0	g
	脂　　　　　質　：	4.0	g
	炭 水 化 物　：	4.5	g
	食 塩 相 当 量　：	0	g
③ →	グ ル コ サ ミ ン　：	70	mg

④ → この表示値は推定値です。

次の栄養成分表示例の中で、最も不適切なものを選択肢の中から1つ選びなさい。

栄養成分表示（1袋　70g 当たり）		
エ ネ ル ギ ー ：	260	kcal
たんぱく質・脂質 ：	0	g
炭 水 化 物 ：	65	g
食 塩 相 当 量 ：	1.23	g
カ リ ウ ム ：	0.18〜0.22	g
カ ル シ ウ ム ：	20	mg

① → たんぱく質・脂質
② → 炭水化物
③ → 食塩相当量
④ → カリウム

7 総合問題

次に示している別記様式のア～コの【　　】の部分について、《条件》と《原材料に関する情報》をもとに、あてはまる<u>最も適切なもの</u>を下記語群の選択肢の中から１つ選びなさい。

《条件》
- アイスクリーム類に該当する食品である。
- 本品の乳固形分は15.7％、うち乳脂肪分は10.5％。また、無脂乳固形分は5.2％、卵脂肪分は2.4％。これらの値は食品表示基準に基づき、0.5％間隔で表示する。
- アレルゲンに関する表示は、義務品目及び推奨品目をすべて表示する。また、表記は、個別表示で行う。
- 製品は、カップに160mlを充てん・包装する。
- 表示責任者は、株式会社□□乳業（茨城県○○市○○町○－○－○）であり、アイスクリーム類及び氷菓公正取引協議会の参加事業者である。
- 本品の製造は、同社の次の２工場で、食品表示基準に基づきデータベースに登録された製造所固有記号を使用する。
  【栃木工場】所在地：栃木県○○市○○町○－○－○
  　　　　　製造所固有記号：TG
  【青森工場】所在地：青森県○○市○○町○－○－○
  　　　　　製造所固有記号：AM
- なお、この製品は栃木工場で製造したものである。

《原材料に関する情報》

原材料名	配合量(%)	原産国(製造地)	アレルゲン情報	遺伝子組換え情報	添加物の使用目的
牛乳	40.3	日本	乳	－	－
クリーム（乳製品）	21.4	日本	乳	－	－
水あめ	21.3	オーストラリア	－	トウモロコシ・不分別	－
卵黄	8.0	アメリカ	卵	－	－
砂糖	4.2	日本	－	－	－
粉末コーンシロップ	4.0	アメリカ	－	トウモロコシ・不分別	－
グリセリン脂肪酸エステル	0.4	デンマーク	大豆	大豆・不分別	乳化
カラギナン(多糖類)	0.2	オーストラリア	－	－	安定
カロブビーンガム(多糖類)	0.1	イタリア	－	－	安定
香料	0.09	日本	－	－	香りの付与
カロチノイド色素	0.01	日本	－	－	着色
合計	100.0				

《別記様式》

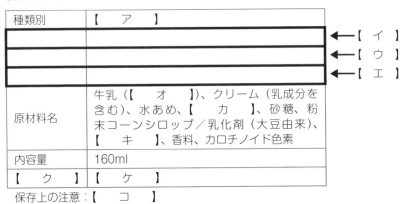

［語群］

ア. ① 氷菓 　　　　　　　② アイスミルク
　　③ ラクトアイス 　　　④ アイスクリーム

イ.
①	乳固形分	15.5%
②	乳脂肪分	11.0%
③	無脂乳固形分	5.0%
④	卵脂肪分	2.5%

ウ.
①	乳固形分	16.0%
②	乳脂肪分	10.5%
③	無脂乳固形分	5.5%
④	動物性脂肪分	2.5%

エ.
①	乳固形分	15.5%
②	乳脂肪分	11.0%
③	無脂乳固形分	5.5%
④	卵脂肪分	2.0%

オ. ① 乳由来 　　② 乳製品 　　③ 国産 　　④ 国内製造

カ. ① 鶏卵 　　　　　　　　② 卵黄
　　③ 卵黄（卵を含む）　　④ 卵黄（卵白を含む）

キ. ① 増粘安定剤 　　　　　② 安定剤（カラギナン等）
　　③ 増粘多糖類 　　　　　④ 安定剤（増粘多糖類）

119

ク．① 販売者　　② 製造者　　③ 加工者　　④ 製造所

ケ．① 株式会社□□乳業　　　青森県○○市○○町○－○－○
　　② 株式会社□□乳業　＋AM　茨城県○○市○○町○－○－○
　　③ 株式会社□□乳業　TG　栃木県○○市○○町○－○－○
　　④ 株式会社□□乳業　＋TG　茨城県○○市○○町○－○－○

コ．① 開封後は、お早めにお召し上がりください。
　　② ご家庭では－18℃以下で保存してください。
　　③ 開封後は、ガラスなどの容器に移し換えてください。
　　④ においが強いもののそばで保管しないでください。
　　　においが移る可能性があります。

問173 次に示している別記様式のア〜コの【　　】の部分について、《条件》と《原材料に関する情報》をもとに、あてはまる<u>最も適切なもの</u>を下記語群の選択肢の中から1つ選びなさい。

《条件》
- この食品は、加熱食肉製品中のクックドソーセージに該当するボロニアソーセージである。
- 製品は、加熱殺菌したソーセージを700gのブロックの形状に切断し包装する。
- 添加物は、使用目的ごとでまとめられるものは、まとめて表示することとする。
- アレルゲンに関する表示は、義務品目の他に推奨品目についても表示を行う。また、表記は、個別表示で行う。
- 表示に責任を持つ者及び販売者は、株式会社□□食品（兵庫県○○市○○町○-○-○）である。
  食品の製造を行うのは、株式会社△△ハム（本社：大阪府○○市○○町○-○-○）の次の2工場である。
  【岐阜工場】所在地：岐阜県○○市○○町○-○-○
  　　　　　　製造所固有記号：GF1
  【愛知工場】所在地：愛知県○○市○○町○-○-○
  　　　　　　製造所固有記号：AI2
- 本品は2025年4月1日に製造し、期限表示は製造日の当日から45日とする。

《原材料に関する情報》

原材料名	配合量 (%)	原産国 (製造地)	アレルゲン 情報	遺伝子組換え 情報	添加物の 使用目的
豚肉	82.14	スペイン	豚肉	―	―
還元水あめ	4.40	日本	―	トウモロコシ・ 不分別	―
植物性たん白	3.77	アメリカ	大豆	大豆・不分別	―
卵たん白	2.45	日本	卵	―	―
食塩	2.22	日本	―	―	―
乳たん白	2.02	アメリカ	乳	―	―
リン酸塩（Na）	0.93	中国	―	―	結着
たん白加水分解物	0.65	デンマーク	豚肉	―	―
カラギナン	0.50	フィリピン	―	―	増粘
グルタミン酸 Na	0.44	インドネシア	―	―	調味
黒コショウ・粒 （香辛料）	0.20	マレーシア	―	―	―
L-アスコルビン酸 Na	0.14	日本	―	―	酸化防止
コハク酸ニナトリウム	0.10	ベルギー	―	―	調味
クローブ・粉 （香辛料）	0.02	インドネシア	―	―	―
亜硝酸 Na	0.02	中国	―	―	発色剤
合計	100.0				

《別記様式》

【　ア　】

名称	ボロニアソーセージ（【　イ　】）
原材料名	豚肉（【　　ウ　　】）、還元水あめ、植物性たん白（大豆を含む）、卵たん白、食塩、乳たん白、たん白加水分解物（豚肉を含む）、【　エ　】／【　オ　】、【　カ　】、【　キ　】、酸化防止剤（ビタミンC）、発色剤（亜硝酸Na）
内容量	700g
		←【　ク　】
保存方法	【　ケ　】
		←【　コ　】

製造所固有記号
GF1：　岐阜工場　　岐阜県○○市○○町○−○−○
AI2：　愛知工場　　愛知県○○市○○町○−○−○

7

総合問題

[語群]

ア．① 包装後加熱殺菌製品

　　② 食肉製品（加熱後包装）

　　③ 加熱食肉製品（加熱後包装）

　　④ 食肉製品（包装後加熱製品）

イ．① 豚肉　　　　　　　　② ブロック

　　③ スライス　　　　　　④ スペイン

ウ．① 国内加工　　　　　　② イベリア半島

　　③ 国外製造　　　　　　④ スペイン

エ．① リン酸塩（Na）　　　② 増粘剤（カラギナン）

　　③ 調味料（アミノ酸等）　④ 香辛料

123

オ．① リン酸塩（Na）　　　② 増粘剤（カラギナン）
　　③ 調味料（アミノ酸等）　④ 香辛料

カ．① リン酸塩（Na）　　　② 増粘剤（カラギナン）
　　③ 調味料（アミノ酸等）　④ 香辛料

キ．① リン酸塩（Na）　　　② 増粘剤（カラギナン）
　　③ 調味料（アミノ酸等）　④ 香辛料

ク．

①	賞味期限	2025 年 4 月
②	賞味期限	2025 年 5 月
③	賞味期限	2025.5.15
④	賞味期限	25515

ケ．① 要冷蔵
　　② 10℃以下で保存してください。
　　③ 15℃以下で保存してください。
　　④ 開封後は、冷蔵庫で保存してお早めにお召し上がりく
　　　ださい。

コ．

①	製造者	株式会社△△ハム 大阪府○○市○○町○－○－○
②	製造者	株式会社△△ハム　＋GF1 大阪府○○市○○町○－○－○
③	販売者	株式会社□□食品　AI2 兵庫県○○市○○町○－○－○
④	販売者	株式会社□□食品　＋GF1 兵庫県○○市○○町○－○－○

食品表示検定試験〈中級〉

練習問題の
解答と解説

1 解答 ②

チェック欄 □ □ □

　食品を摂取する際の安全性に重要な影響を及ぼす事項は、「食品表示法第6条第8項に規定するアレルゲン、消費期限、食品を安全に摂取するために加熱を要するかどうかの別その他の食品を摂取する際の安全性に重要な影響を及ぼす事項等を定める内閣府令」で定められている「アレルゲン」「消費期限」「保存の方法」「加熱の必要性（食品を安全に摂取するために加熱を要するかどうかの別）」等です。食品表示は、これらの食品の安全性に係る情報を食品関係事業者から消費者に伝える機能を果たしています。

認定テキスト1－2

2 解答 ③

チェック欄 □ □ □

　食品表示は、万が一食品に事故が生じた場合、製造日やロットがわかる、製造所がすぐにわかる等、その原因の究明や製品回収などの措置を迅速かつ的確に行うための手掛かりになるなどの機能を有しています。

認定テキスト1－1

3 解答 ①

チェック欄 □ □ □

　食料・農業・農村基本法では、食料の安定供給の確保に関する施策の1つとして、食品産業の健全な発展とともに、食料消費に関する施策の充実を目指しており、その方法として、消費者の合理的な選択に資するため、食品の衛生管理・品質管理の高度化、食品の表示の適正化を推進することを定めています。

認定テキスト1－2

4 解答 ②

チェック欄 □ □ □

　健康増進法に基づいた表示が定められているのは、特別用途食品として販売する食品です。

認定テキスト1－2、5－6

5 解答 ①　チェック欄 □□□

有機農産物と表示できる条件を定めているのは、JAS 法に基づく有機JAS 制度です。JAS（日本農林規格）は、農林物資の品質の改善等のために品質・作り方等の基準を規定しています。　認定テキスト1－2、5－4

6 解答 ②　チェック欄 □□□

計量法では、内容量の変更ができないように容器包装に入れられ密封されたもののうち、計量単位で取引されることの多い消費生活関連物資で、消費者が合理的な選択を行う上で量目の確認が必要と考えられ、かつ、量目公差を課すことが適当と考えられるもの（食肉、野菜、魚介類、灯油など29 種類）を「特定商品」として定めています。

認定テキスト1－2、5－15

7 解答 ②　チェック欄 □□□

食品表示法では、適格消費者団体による差止請求の制度と申出の制度が、不適正表示事案による被害の防止策として設けられています。課徴金制度は景品表示法や独占禁止法、民事的救済制度は独占禁止法の制度です。

認定テキスト1－2

8 解答 ②　チェック欄 □□□

食品表示法では、あるものを材料としてその本質は保持させつつ、新しい属性を付加することを「加工」と定義しています。その他、「調整」は、一定の作為を行うが加工には至らないもの、「製造」は、その原料として使用したものとは本質的に異なる新たな物を作り出すことと定義されています。

認定テキスト1－3

練習問題の解答と解説

9 解答 ②　チェック欄 □ □ □

　食品衛生法では、食品用器具・容器包装について安全性を確保するために規格基準を設けています。このため、食品表示基準における容器包装についても、食品衛生法に規定された容器包装を使用することを原則としています。

認定テキスト1-3

10 解答 ③　チェック欄 □ □ □

　食品表示法において、反復継続性のない販売を行うものを「食品関連事業者以外の販売者」としています。このため、その時限りで反復継続性のない「町内会の祭りで瓶詰の手作りジャムを販売する町内会の役員」が該当します。なお、①及び②については、業務として販売をしていたり、無人販売所を設けて販売しているため、反復継続性のある販売に当たります。

認定テキスト1-3

11 解答 ②　チェック欄 □ □ □

　食品表示法では、容器包装した加工食品を販売する場合、「食品関連事業者以外の者」が販売するものであっても、「特定原材料」のような身体や生命に危害を与えるおそれのある安全性に関する情報については、表示義務が課せられています。

認定テキスト1-3

12 解答 ③　チェック欄 □ □ □

　③の「米穀を保存するため乾燥すること」は、一定の作為は加えるが、加工に至らない調整に該当します。①及び②については、あるものを材料としてその本質は保持させつつ新しい属性を付加する「加工」に該当します。

認定テキスト1-3、2-1

13 解答 ②　チェック欄 ☐ ☐ ☐

　容器包装の識別マークは、資源有効利用促進法に基づいて指定表示製品に該当する容器包装に表示が義務付けられています。飲用乳の公正マークは公正競争規約に基づくもので、公正競争規約に参加する事業者のみに義務付けられたものです。特別用途食品マークは、健康増進法に基づいて乳児の発育や、病者、妊産婦、授乳婦、えん下困難者などの保健の保持や回復に適するなど、特別の用途についての表示を行うことについて事業者が自ら申請し、国から許可されている食品に付けられるマークです。

認定テキスト1－4、5－12

14 解答 ①　チェック欄 ☐ ☐ ☐

　景品表示法は、優良誤認や有利誤認等の不当な表示を禁止しており、対象になるのは、一般消費者向けに販売される製品への表示とその広告活動すべてとなります。このため、対象もチラシ、パンフレット、ポスター、看板、新聞・雑誌広告、テレビCMなど広範に及びます。

認定テキスト1－4、5－7

15 解答 ④　チェック欄 ☐ ☐ ☐

　④の「生のかつおの表面をあぶったもの」（かつおのたたき）は、あるものを原材料として、その本質は保持させつつ新しい属性を付加しているため「加工食品」に該当します。　認定テキスト2－1

16 解答 ④　チェック欄 ☐ ☐ ☐

　品種及び産年について根拠資料を保管していない又は品種及び産年を表示しない原料玄米であっても、「米トレーサビリティ法」第4条の規定に基づき伝達された産地に関する情報を根拠資料として保管し、産地を表示

することが可能です。なお2021年（令和3年）3月に食品表示基準の改正があり、産地の確認方法を表示することができるようになりました。その場合は、当該産地の次に括弧を付して「○○県産（米トレーサビリティ法による伝達）」と表示します。

認定テキスト2－2－2

17　解答　③　チェック欄 □ □ □

農産物の中でも「アボカド、あんず、おうとう、かんきつ類、キウィー、ざくろ、すもも、西洋なし、ネクタリン、パイナップル、バナナ、パパイヤ、ばれいしょ、びわ、マルメロ、マンゴー、もも及びりんご」については、食品衛生法で防かび剤（防ばい剤）の使用が認められています。このため、③のパパイヤ以外には防かび剤の使用はできません。

なお、使用した場合には添加物の表示として、「防かび剤（フルジオキソニル）」のように当該添加物の物質名に用途名を併記して表示することが義務付けられています。

認定テキスト2－2－1、5－1

18　解答　②　チェック欄 □ □ □

生鮮食品のしいたけには、「名称」「原産地」のほかに「栽培方法」を、原木栽培は「原木」と、菌床栽培は「菌床」と、原木栽培及び菌床栽培を混合したものは、重量の割合の高いものの順に「原木・菌床」又は「菌床・原木」と表示します。

認定テキスト2－2－1

19　解答　①　チェック欄 □ □ □

原料玄米が生産された当該年の12月31日までに精白され、容器包装された精米については、「新米」と表示することが認められています。このため、①の「当該年の12月31日まで」は、新米と表示することが可能です。

認定テキスト2－2－2

20 解答 ③ チェック欄 □□□

　畜産物である食用鳥卵について、個別的表示事項が定められているのは「鶏の殻付き卵」のみです。鶏の殻付き卵には、アレルゲン、保存方法、賞味期限、添加物、採卵施設等の所在地及び採卵した者等の氏名、並びに使用の方法として生食用のものには生食用である旨、生食用の場合は10℃以下で保存することが望ましい旨（これは保存方法として表示できる）及び賞味期限を経過した後は飲食に供する際に加熱殺菌を要する旨を、加熱用のものには加熱加工用である旨及び飲食に供する際に加熱殺菌を要する旨の表示をすることが定められています。　認定テキスト2－3－3

21 解答 ④ チェック欄 □□□

　事前包装されていない食肉については、食肉の表示に関する公正競争規約に基づいて、店頭に陳列された食肉ごとに表示カード（下札又は置札）を用いて、「食肉の種類及び部位等」、「原産地」、「単位価格」、「冷凍に関する事項（冷凍・フローズン・凍結品又は解凍品）」、「牛の個体識別番号又は荷口番号（特定牛肉に限る。）」の事項を、外部から見やすいように邦文で明瞭に表示することが規定されています。この際に使用する文字については、42ポイント以上の大きさの肉太の文字を使用することと定められています。　認定テキスト2－3－1

22 解答 ② チェック欄 □□□

　地鶏肉の日本農林規格で定められた「素びなとして在来種由来血液百分率が50％以上のものであって、出生の証明ができるものを使用していること」「飼育方法は、28日齢以降平飼いで飼育していること」等の生産方法の基準及び品質に関する表示の基準を満たした鶏肉等にのみ「地鶏」と表示することができます。

　なお、これらの規格に合致しないブロイラーや廃鶏の鶏肉に「地鶏」と

表示することは不当表示に該当します。　　　　認定テキスト2-3-1

23　解答　③

③の「越前がに」等のブランド名（商品名）については、食品表示法に基づく魚介類の「名称」ではないことから、魚介類の名称としては使用できません。ただし、「越前がに」であれば「ズワイガニ」のように名称を正しく表示した上で、ブランド名を任意に商品に表示することは差し支えないとされています。　　　　認定テキスト2-4-1

24　解答　④

異種・異属間で人為的に交配して作出された魚介類の名称については、交雑に用いた魚介類の名称を表示し、「交雑種である旨」を併記して表示します。このため、②の「ブリ（交雑種）」のように、交雑に用いた一方の魚種のみの名称に交雑種と併記するのではなく「ブリ×ヒラマサ（交雑種）」のように双方の魚種を表示します。　　　　認定テキスト2-4-1

25　解答　②

生食用のかきには食中毒の拡大防止などの観点から、採取水域の表示義務が課せられていますが、「加熱加工用のかき」には表示義務はありません。
　　　　認定テキスト2-4-2

26　解答　②

「魚介類の名称のガイドライン」においても、平仮名、カタカナ、漢字、混合いずれの表記も可とされています。また、食品表示基準において、食品の表示は「邦文」をもって表示することが定められているため、②の「ローマ字」などの邦文以外の表記は認められません。　　　　認定テキスト2-4-1

27　解答　①　　チェック欄 ☐☐☐

　有機JASマークが付されていない有機農産物に「○○（オーガニック）」や「有機栽培○○」と表示することはできません。　認定テキスト5-4

28　解答　②　　チェック欄 ☐☐☐

　しいたけは、「名称」「原産地」及び「栽培方法」を表示します。しいたけの原産地については栽培管理上、菌糸が培地の中に伸張するまでの培養初期段階の環境が子実体の形成に大きな影響を及ぼすと考えられるため、原木又は菌床培地に種菌を植え付けた場所（植菌地）を原産地として表示します。ただし、種菌を植え付けた場所と採取地が異なる菌床栽培のしいたけに、任意で収穫地（採取地）を表示することは認められており、この場合、「原産地（植菌地）：○○県、収穫地：△△県」等と、原産地が明確に認識され、消費者に誤認を与えないような表示を行う必要があります。

認定テキスト2-2-1

29　解答　③　　チェック欄 ☐☐☐

　レモンに表示されている「TBZ」は、防かび剤のチアベンダゾールの簡略名です。防かび剤は用途名併記が必要な添加物であるため、生鮮食品のばら売りであっても「用途名（物質名）」の形で「防かび剤（TBZ）」（物質名は簡略名も可）と表示することが指導されています。

認定テキスト2-2-1、5-1

30　解答　④　　チェック欄 ☐☐☐

　表示事項の表示は、邦文をもって、理解しやすい用語によりしなければなりません。このためニュージーランドをNZのように表示することはできません。　認定テキスト2-1

練習問題の解答と解説

133

31　解答　④　　チェック欄 □ □ □

　国内で飼養された牛の肉は、牛トレーサビリティ法に基づき10桁の個体識別番号を表示します。なお、①にある牛タンについては、国産牛であっても牛肉の枝肉への整形過程で除去される頭部に含まれ、「特定牛肉」には該当しないため、個体識別番号の表示の義務はありません。

認定テキスト2－3－2、5－9

32　解答　③　　チェック欄 □ □ □

　食肉小売品質基準等で、バークシャー純粋種の豚肉に限り、黒豚と表示することができるとされているため、ヨークシャー種の豚には「黒豚」と表示することはできません。

認定テキスト2－3－1

33　解答　④　　チェック欄 □ □ □

　同じ種類の生鮮食品について、複数の産地のものを混合した場合は、「○○産又は△△産」のようにどちらの産地のものが多く混合されているのかがわからない表示方法ではなく、重量に占める割合の高いものから順に「神奈川県産、静岡県産」のように産地を表示します。

認定テキスト2－2－1

34　解答　③　　チェック欄 □ □ □

　輸入された畜産物の原産地表示については、原産国名を表示します。③の「テキサス州」はアメリカの州の名称のため原産地表示としては使用できません。一方、④のライチのように農産物では、「福建省」「カリフォルニア州」などの一般に知られた地名に代えることが認められています。

認定テキスト2－2－1、2－3－1

134

35 解答 ③　　　チェック欄 □ □ □

　原則として魚介類の名称の表示は、一般的な名称として「魚介類の名称のガイドライン」にならって表示します。「大間まぐろ」や「越前がに」等のブランド名（商品名）は、魚介類の「名称」ではないことから、魚介類の名称として使用することはできません。　　　　　認定テキスト2−4−1

36 解答 ②　　　チェック欄 □ □ □

　標準和名が付けられていない海外漁場魚介類及び外来種については、消費者に優良誤認を生じさせないような配慮が必要です。このため、例えばアメリカ原産のナマズである「チャネルキャットフィッシュ」に、分類学上無関係であるにもかかわらず高級魚類のタイに似せた「シミズダイ」との名称を付すことは認められていません。このような外来種については、「魚介類の名称のガイドライン」の中の「（別表2）海外漁場魚介類及び外来種の名称例」等を参考にその内容を最も的確に表す名称を表示します。

認定テキスト2−4−1

37 解答 ②　　　チェック欄 □ □ □

　「サケ（粕漬け）」は調味されているため、生鮮食品ではなく加工食品に該当します。このため、加工食品としての表示が必要です。一方、赤玉と黄玉のスイカなど同種のものや産地が異なるスイカをカットして容器包装に入れたものは生鮮食品です。　　　　認定テキスト2−1、2−2−1

38 解答 ②　　　チェック欄 □ □ □

　国産の生食用のかきには採取水域を、各都道府県等が定める採取水域の範囲を適切に表す名称など定められた方法で表示します。なお、輸入した生食用かきについては、輸入時に添付される衛生証明書に記載された採取

練習問題の解答と解説

135

水域をカタカナ表記等で、輸出国名等を併記して表示します。

なお、販売者の表示をする際、③のように販売者の氏名に屋号を併記することは認められています。精米時期や調製時期については「年月旬」又は「年月日」で表示します。 認定テキスト２－２－２、２－４－２

39 解答 ③ チェック欄 □ □ □

容器包装に入れ生産した場所で直接販売する場合であっても、以下については、名称の表示は必要とされています。

【名称の表示を省略できない生鮮食品】

容器包装に入れられたシアン化合物を含有する豆類、アボカド、あんず、おうとう、かんきつ類、キウィー、ざくろ、すもも、西洋なし、ネクタリン、パイナップル、バナナ、パパイヤ、ばれいしょ、びわ、マルメロ、マンゴー、もも、りんご、食肉（鳥獣の生肉（骨及び臓器を含む。）に限る。）、生乳、生山羊乳、生めん羊乳、生水牛乳、鶏の殻付き卵、切り身又はむき身にした魚介類（生かき及びふぐを除く。）であって、生食用のもの（凍結させたものを除く。）、ふぐの内臓を除去し、皮をはいだもの並びに切り身にしたふぐ、ふぐの精巣及びふぐの皮であって生食用でないもの、切り身にしたふぐ、ふぐの精巣及びふぐの皮であって生食用のもの、冷凍食品のうち、切り身又はむき身にした魚介類（生かきを除く。）を凍結させたもの及び生かき 認定テキスト２－１

40 解答 ③ チェック欄 □ □ □

日本でも、じゃがいもの芽止めのために放射線が照射される場合があります。この場合には、放射線を照射した旨及び放射線を照射した年月日である旨の文字を冠したその年月日を表示することとされています。この際は、照射した年月だけではなく、実際に照射した日にちまで表示する必要があります。 認定テキスト２－２－１

136

41 解答 ④ チェック欄 □□□

贈答用の果物盛りかごのように、異なる種類の農産物で複数の原産地の
ものを詰め合わせた場合は、個々の農産物の単なる詰め合わせ行為となり
ます。このため、詰め合わせたすべての農産物それぞれの名称に原産地を
併記します。 認定テキスト2－2－1

42 解答 ③ チェック欄 □□□

名称は、その内容を表す一般的な名称で表示しますが、地域特有の名称
があるものについては、その名称が一般に理解されると考えられる地域に
限って、地域特有の名称で表示することができます。また、その内容を的
確に表現していれば標準和名などによる表示も認められています。

認定テキスト2－2－1

43 解答 ② チェック欄 □□□

生鮮食品のしいたけは、計量法第13条による内容量とその表記者の表
示義務の対象に該当しないため、密封して販売する場合であっても内容量
表示は義務化されていません。 認定テキスト2－2－1

44 解答 ③ チェック欄 □□□

和牛の要件を満たす品種であることが家畜改良増殖法に基づく登録制度
等により証明でき、かつ、国内で出生し国内で飼養された牛であることが
牛トレーサビリティ制度により確認できる牛の肉に限り「和牛」と表示す
ることができます。そして「WAGYU」「わぎゅう」「ワギュウ」等の「和
牛」と類似した表示は、「和牛」と表示できる牛の肉に対してのみ行うこ
とができます。 認定テキスト2－3－1、2－3－2

45 解答 ③

　熊本県が10か月で滋賀県が8か月の場合、日本国内での飼養期間が18か月でアメリカでの12か月を上回るため、原産地表示は国産となります。なお、国内全体での飼養期間が他国での飼養期間より長く、国内の2つ以上の県等で飼養されたものについては、国内で飼養期間が最長となる都道府県名、市町村名その他一般に知られている地名を「国産」表示に代えて表示することが可能です。このため、「熊本県産」等と表示することも可能です。

認定テキスト2−3−1

46 解答 ②

　生食用のものは、「10℃以下で保存することが望ましい旨」を表示します。

認定テキスト2−3−3

47 解答 ③

　「生食用」「生で食べられます。」等と、生食用である旨を文字で明確に表示する必要があり、「ユッケ用」「牛刺し用」等の表示を生食用である旨の表示に代えることはできません。

認定テキスト2−3−2

48 解答 ③

　国産品は原則として水域名を表示しますが、使用する水域名については「生鮮魚介類の生産水域名の表示のガイドライン」や、「東日本太平洋における生産水域名の表示方法について」にならって表示することが基本となります。また、「近海」「遠洋」等の表示は、具体的な水域名を示すものではないことから水域名の表示としては不適切とされています。

認定テキスト2−4−1

138

49　解答　④　チェック欄 □□□

　海外漁場魚介類及び外来種については、標準和名がない種もあることから、消費者に優良誤認を生じさせないような配慮をし、生鮮魚介類の名称の一般ルールに従って、その内容を最も的確に表し一般に理解される名称を表示します。　認定テキスト2-4-1

50　解答　③　チェック欄 □□□

　ふぐの名称には、ふぐの種類を「とらふぐ」「まふぐ」のような標準和名で示すとともに、その名称が標準和名であることがわかるように「標準和名」の文字を併せて表示します。　認定テキスト2-4-3

51　解答　②　チェック欄 □□□

　商品名がその内容を表す一般的な名称であれば、名称として使用することができます。また、名称を商品の主要面に記載すれば、別記様式欄での表示を省略することができることとなっているため、一般的な名称を商品名として使用している場合、その商品名は名称であると判断され、別記様式欄の名称の表示を省略することができます。　認定テキスト3-2

52　解答　①　チェック欄 □□□

　乳及び乳製品では、「乳等命令」第2条の定義に従った種類別を表示します。また、事項名については、「種類別」又は「種類別名称」と表示します。　認定テキスト3-2

53　解答　①　チェック欄 □□□

弁当の具材として仕入れた「ごまあえ」を原材料の名称として表示する

場合、名称に主要原材料が明示されている「鶏唐揚げ」や「さば味噌煮」のように名称からその原材料が明らかであるとはいえないため、複合原材料の原材料の表示を省略することはできません。 認定テキスト3－3

54 解答 ③ チェック欄 □□□

複合原材料についての原材料の表示を省略できる場合であっても、使用された添加物の表示とアレルゲンを含む旨の表示を省略することは認められていません。複合原材料に使用された添加物が、最終製品においてキャリーオーバーなどに該当する場合は、その表示を省略することが認められていますが、含まれるアレルゲンの表示を省略することはできません。

認定テキスト3－4、5－1

55 解答 ② チェック欄 □□□

内容量が300gを超える「農産物漬物」で、原料原産地表示の対象となる原材料は、原材料及び添加物の重量に占める割合が上位4位までのものであって、かつ、重量の5％以上を占めるものとなります。

認定テキスト3－5、4－1－3

56 解答 ① チェック欄 □□□

計量法第13条で指定されている特定商品については、容器包装に入れて密封した場合に限って、特定物象量（内容量）及びその表記者の氏名・住所の表示が義務付けられています。 認定テキスト3－6

57 解答 ② チェック欄 □□□

計量法の第13条で指定されている特定商品以外で内容量を外見上容易に識別できるものについては、内容量の表示を省略することができます

140

が、計量法の第13条で指定されている特定商品を容器包装に入れて密封したものについては、内容量の表示は省略できません。なお、「内容量を外見上容易に識別できる」とは、製品が容器包装された状態で、容器包装を開かずに、内容数量を外見から容易に判別することができる場合をいいます。

認定テキスト3-6

58 解答 ①

チェック欄 □ □ □

　容器包装の表示可能面積がおおむね30cm²以下のものであっても、砂糖やチューインガムのように品質の劣化がきわめて少ないものとして、期限表示を省略することが認められたもの以外については、表示を省略することはできません。

認定テキスト3-7

59 解答 ③

チェック欄 □ □ □

　期限表示は、邦文をもって当該食品の購入者又は使用者が読みやすく、理解しやすい用語で正確に表示する必要があります。このため、輸入食品において海外の消費者向けに期限が表示されていても、消費期限又は賞味期限を表す旨の文字もなく、日付も「年→月→日」以外の順で表示されるなど、日本では馴染みが薄い表示方法は、認められていません。年月日又は年月の順に邦文で適正に表示する必要があります。

認定テキスト3-7

60 解答 ②

チェック欄 □ □ □

　保存方法は期限表示に近接した箇所に記載することとされています。このため、期限表示は別記様式欄外に単独で表示できますが、保存方法を単独で欄外に表示することはできません。ただし、期限表示を欄外に表示する場合に限って、期限表示と同様に記載箇所を別記様式内に具体的に明示した上で欄外の期限表示と近接した場所に保存方法を表示することが認められています。

認定テキスト3-8

練習問題の解答と解説

61　解答　③　チェック欄 □□□

　無菌充填豆腐については、保存方法の欄に常温を超えない温度で保存する旨を「直射日光を避け常温で保存してください。」等と表示します。また、主要面等、消費者にとってわかりやすい場所に「常温保存可能品」の文字を併せて表示します。なお、冷凍食品の保存方法は、「－18℃以下で保存」等の食品衛生法の保存基準を下回る温度で表示しても問題ありません。

認定テキスト3－8

62　解答　③　チェック欄 □□□

　関税法基本通達において、「単なる切断」「輸送又は保存のための乾燥・冷凍・塩水漬けその他これに類する行為」及び「単なる混合」については、実質的な変更をもたらす原産国の変更が必要な行為に含まれないとされています。

認定テキスト3－9

63　解答　③　チェック欄 □□□

　業務用加工食品は、消費者には販売されないため、消費者が業務用加工食品の表示を確認して情報を取得することはないこと、事業者間で規格書等により製品情報の伝達管理等が行われるため、製造所の所在地及び製造者の氏名又は名称が把握できない事態は生じないと考えられることから、製造所固有記号を表示することによって課せられる応答義務はありません。

認定テキスト3－10

64　解答　③　チェック欄 □□□

　食品表示基準では、容器包装の表示可能面積がおおむね30cm^{2}以下のものについて、「乳児用規格適用食品である旨」のほかに、「原材料名」「添加物（「L-フェニルアラニン化合物を含む」旨を除く。）」「原料原産地名」「内

142

容量（計量法の特定商品に該当する場合を除く。）」「原産国名」「製造所又は加工所の所在地及び製造者又は加工者の氏名又は名称」「遺伝子組換え食品に関する事項」及び「栄養成分表示」を省略することができます。

認定テキスト3－1

65 解答 ③　　　チェック欄 □□□

　商品名はその商品の内容を表すとは限りません。このため一般的な名称に当たらない商品名を名称として表示することはできません。一方で、商品の主要面の商品名に近接した箇所に一般的な名称を明瞭に表示する場合には、別記様式欄の名称の表示を省略できます。また事項名については、「名称」のほか「品名」「品目」とすることができますが、乳及び乳製品については「種類別」「種類別名称」と定められています。　認定テキスト3－2

66 解答 ②　　　チェック欄 □□□

　複合原材料の名称からその原材料が明らかである場合とは、「複合原材料の名称に主要原材料が明示されている場合」、「複合原材料の名称に主要原材料を総称する名称が明示されている場合」、「JAS、食品表示基準 別表第3、公正競争規約で定義されている場合」及び「上記以外で一般にその原材料が明らかである場合」とされています。これらに当てはまる複合原材料の名称には「鶏唐揚げ、さば味噌煮、ミートボール、魚介エキス、植物性たんぱく加水分解物、ロースハム、マヨネーズ、かまぼこ、がんもどき」等があります。　認定テキスト3－3

67 解答 ③　　　チェック欄 □□□

　原料原産地表示のルールでは、おにぎりの「のり」の名称の次に括弧を付して、のりの原料となる原そうの原産地について国別重量順に表示します。ただし、おにぎりと他の食材を組み合わせたものとして、唐揚げ、

練習問題の解答と解説

143

たくあんなどの「おかず」と一緒に容器包装に入れた場合や、のりで巻いたものであっても酢飯と具材を組み合わせた寿司ののりは対象となりません。

認定テキスト3－5

68 解答 ③ チェック欄 ☐ ☐ ☐

固形物に充てん液を加え「缶又は瓶に密封したもの」で、固形物の管理が可能なもののうち、固形量と内容総量がおおむね同一の場合又は充てん液を加える主たる目的が内容物を保護するためである場合は、固形量を表示します。なお、固形物に充てん液を加えプラスチック製の容器等、「缶及び瓶以外の容器包装」に密封した「たけのこ、山菜等の野菜の水煮」、「こんにゃく」等は、固形量を表示することができます。 認定テキスト3－6

69 解答 ④ チェック欄 ☐ ☐ ☐

食品表示基準において、内容量の表示に個別の規定がある食品は、それぞれの規定に従って表示します。乾燥スープでは「内容量：48g（1人150mlで3人前）」等と、グラム又はキログラムの単位で内容重量を表示した後に、括弧を付して「（1人○○mlで○人前）」等と表示します。ただし、1人前ずつ個包装されているものは、「1人○○mlで○人前」等の表示を省略することができます。 認定テキスト3－6、4－4－6

70 解答 ④ チェック欄 ☐ ☐ ☐

年月をもって表示する場合、賞味期限の日が属する月の前月の年月を表示します。ただし、賞味期限が2025年6月30日などのように月の末日の場合には、2025年6月などのように当該の年月を表示することができます。なお、①のように「．（ピリオド）」の印字が困難なときは省略することができますが、2025年6月1日などのように月や日が1桁のときは「0」を付けて「250601」のように表示します。 認定テキスト3－7

144

71 解答 ③

品質の劣化がきわめて少ないものとして、「でん粉、チューインガム、冷菓、砂糖、アイスクリーム類、食塩、うま味調味料、酒類、飲料水及び清涼飲料水（ガラス瓶入りのもの（紙栓を付けたものを除く。）又はポリエチレン製容器入りのものに限る。）、氷」については、期限表示を省略することができます。

認定テキスト3－7

72 解答 ①

食品衛生法により保存基準が定められている食品は、その基準に合う保存方法を具体的かつ平易な用語により表示します。このうち、保存基準が4℃以下とされている食品には、「非加熱食肉製品及び特定加熱食肉製品のうち、水分活性が0.95以上のもの」、「生食用食肉」などがあります。

認定テキスト3－8、資料編 資料4

73 解答 ③

輸入した複数の種類の加工食品を混合する行為は本質的に異なる新しい製品の製造と見なされ混合したところが原産地となります。国内で混合したものは国内製造と判断されるため、原産国名の表示は不要です。ただし、複数の国から輸入した同種のものを混合した場合には、単なる混合となるため、原産国の表示が必要となります。

認定テキスト3－9

74 解答 ②

最終的に商品の内容について、実質的な変更をもたらす行為が行われた国が原産国となります。インドとスリランカで製造された紅茶の荒茶に少量のドライフルーツと香料をイギリスで混合して日本に輸入した場合の製品の原産国についてはイギリスとなります。これは、「香り」が紅茶の品

質及び特性に重要な要素であることから、着香（香り付け）が実質的な変更をもたらす行為と判断されているためです。　　　　　認定テキスト3－9

75　解答　① 　　　チェック欄 □ □ □

　所在地の表示に当たっては、住居表示に従って都道府県名から住居番号まで表示することを原則としますが、指定都市（政令指定都市）や県庁が所在する市の場合、都道府県名の表示は省略することができます。

認定テキスト3－10

76　解答　③ 　　　チェック欄 □ □ □

　製造所固有記号は「＋」を冠して表示します。記号に使用できる文字については、「アラビア数字、ローマ字、平仮名、片仮名又はこれらの組合せ」に限られています。なお、お客様ダイヤルやウェブサイトアドレスを別記様式内に表記することや、ウェブサイトアドレスに代えて二次元バーコードを枠外に表示することは認められています。　　　　認定テキスト3－10

77　解答　① 　　　チェック欄 □ □ □

　乾燥きのこのうち、干して乾燥させた「しいたけ」については食品表示基準の名称規定に従って「乾しいたけ」と表示しますが、薄切りしたものについては「乾しいたけ（スライス）」と表示します。

　なお、しいたけの原産地は、原木又は菌床培地に種菌を植え付けた場所（植菌地）となります。　　　　　　　　　　　　認定テキスト4－1－2

78　解答　① 　　　チェック欄 □ □ □

　この製品は内容量が300gを超えるため、漬けた原材料が5種類以上のものについては、原材料に占める重量の割合の高いものから順に4種類以

146

上を表示し、その他の原材料を「その他」と表示することができます。このため、原材料名は第4位の「なたまめ」まで表示します。

認定テキスト4－1－3

79 解答 ②　　チェック欄 ☐ ☐ ☐

にがりについては、「食塩に粗製海水塩化マグネシウムを使用した場合」及び「豆腐を固める目的で塩化マグネシウム又は粗製海水塩化マグネシウムを使用した場合」に限って、付加的に「(にがり)」の表示を行うことができます。従って、塩化カルシウムに「(にがり)」と表示することはできません。

認定テキスト4－1－4

80 解答 ①　　チェック欄 ☐ ☐ ☐

食肉の表示に関する公正競争規約では、種類の異なる食肉を事前に混合した挽肉（合挽肉）については、混合比率の多いものの順に、当該食肉の種類を表示しなければならないとされています。このため、名称として、「牛・豚合挽肉」等と混合された食肉の種類を、重量の割合の高いものから順に表示します。

認定テキスト4－2－1

81 解答 ①　　チェック欄 ☐ ☐ ☐

食肉製品のうち、加熱殺菌したものは、加熱食肉製品に該当します。また、加熱食肉製品については、「加熱食肉製品である旨」と「包装後加熱か加熱後包装かの別」を表示することとされているため、容器包装した後に加熱殺菌している場合には、いつ加熱されたのかが不明な「加熱食肉製品（加熱包装)」ではなく、「加熱食肉製品（包装後加熱)」と表示します。

認定テキスト4－2－3

82　解答　③　チェック欄 □ □ □

　チルドハンバーグステーキにソースを加えたものは、食品表示基準 別表第4に従って「200g（固形量160g）」のように、「内容重量」及び「ソースを除いた固形量」をグラム又はキログラムの単位で、単位を明記して表示します。　認定テキスト4－2－4

83　解答　②　チェック欄 □ □ □

　牛乳については、食品表示基準及び飲用乳の表示に関する公正競争規約に基づいて殺菌温度と殺菌時間を表示します。温度は摂氏温度を「℃」、時間は「分」又は「秒」で表し、実際の殺菌温度及び時間を正確に「○℃　○秒間」などと表示します。　認定テキスト4－2－5

84　解答　①　チェック欄 □ □ □

　商品名の「苺ミルク」のように乳飲料に飲用乳を示す「ミルク」又は「乳」の文言を使用する場合は、飲用乳の表示に関する公正競争規約の規定に合致している必要があります。着色された乳飲料のように「飲用乳と異なることが明らか」なものについては、無脂乳固形分4.0％以上の場合に限って、「ミルク」又は「乳」を用いることができますが、この製品の無脂乳固形分は3.0％のため「ミルク」は使用できません。　認定テキスト4－2－5

85　解答　④　チェック欄 □ □ □

　発酵乳では、食品表示基準及び発酵乳・乳酸菌飲料の表示に関する公正競争規約に基づいて、乳脂肪分以外の脂肪分を含むものについて、その脂肪分の個々の名称を事項名として表示します。また、脂肪分の表示にあたっては無脂乳固形分及び乳脂肪分と同様に、重量百分率を「％」の単位で小数第1位まで表示します。なお、「植物性脂肪分 ○.○％」や「乳脂肪以

外の動物性脂肪分 ○.○％」などと、それぞれの脂肪分の総量を取りまとめて表示することも認められています。　　　　認定テキスト4－2－7

86　解答　①　　　チェック欄 □□□

　アイスクリーム類については、乳等命令の定義に従った種類別を表示するとされており、この定義では、乳固形分 15.0％以上、うち乳脂肪分 8.0％以上のものはアイスクリームに該当します。このため、前提条件で「乳固形分 15.0％以上」、別記様式内の「乳脂肪分 11.0％」の本品の種類別は、「アイスクリーム」と表示します。　　　　認定テキスト4－2－8

87　解答　②　　　チェック欄 □□□

　塩蔵わかめのうち食塩含有率が 40％を超えるものは、食品表示基準 別表第 19 の規定に従い、実際の含有率を下回らない 10 の整数倍の数値を％の単位で、「食塩含有率　50％」等と表示します。　　認定テキスト4－3－1

88　解答　①　　　チェック欄 □□□

　食品表示基準 別表第 15 で規定されている「うなぎ加工品」の原料原産地を表示する場合は、うなぎの名称の次に括弧を付して、原産地について、国産品は国産である旨を、輸入品は原産国名を表示します。このため、輸入したうなぎの原料原産地名として「○○省」の地名等で表示することはできません。ただし、輸入品であっても原産国名に水域名を併記することは認められています。　　　　認定テキスト4－3－3

89　解答　④　　　チェック欄 □□□

　小分けの行為は、加工食品における加工行為に該当しますので、輸入品であっても、加工者の表示が必要となります。なお、中国からバルク輸入

練習問題の解答と解説

149

したうなぎの蒲焼きを国内で単に小分け包装する行為は製品の内容を実質的に変更する行為に当たらないため、原産国として中国の表示をする必要があります。

認定テキスト4－3－3

90 解答 ②

チェック欄 ☐ ☐ ☐

　塩たらこの原料原産地表示については、例えば米国産、ロシア産のすけとうだらの卵巣のみを使用した商品で原産地ごとに分別して生産することが困難なものについて、合理的な根拠に基づいた重量順による表示として、直近1年間の原料使用実態を按分して、多い方から順に「（米国又はロシア）」のように表示することが認められています。ただし通常、米国産やロシア産より高値で取引される国産原料が外国産の原料と混合使用されることはなく、「すけとうだらの卵巣（国産又はロシア）」のような表示は消費者に優良誤認を与えるおそれがあるとして認められていません。

　なお、「又は表示」として、たらこの原料原産地表示において「（アメリカ又はロシア）」のように原産地を「又は」でつないで表示する際は、表示例の枠外に注記しているように、消費者の誤認防止のため、容器包装に、産地別使用実績又は産地別使用計画に基づく表示である旨の注意書きが必要です。

認定テキスト4－3－4

91 解答 ①

チェック欄 ☐ ☐ ☐

　生めん類の名称の表示を公正競争規約に基づいて行う場合、うどん、そば等の品名（名称）の表示と併せて「なま、ゆで、むし、油揚げ又は半なまである旨」を表示します。

認定テキスト4－4－1

92 解答 ②

チェック欄 ☐ ☐ ☐

　干しそばは、そば粉の配合割合が30％未満の場合、実配合割合を上回らない数値により「2割」「20％」等と表示します。ただし、そば粉の配

150

合割合が10%未満の場合は、「1割未満」「10%未満」等と表示します。

認定テキスト4－4－2

93 解答 ② チェック欄 ☐☐☐

調理冷凍食品は、計量法の第13条で指定された特定商品に該当するため、内容重量をグラム又はキログラムの単位を明記して表示することが必要です。なお、8尾などの内容個数については、その管理が困難でないものについて、内容個数を○個入り、○尾入り、○枚入り等と容器又は包装の見やすい箇所に8ポイント活字以上で表示することが定められています。

認定テキスト4－4－3

94 解答 ④ チェック欄 ☐☐☐

みそについては、食品表示基準とみその表示に関する公正競争規約において、食品衛生法施行規則 別表第1に掲げる添加物を使用したものに「純」、「純正」その他純粋であることを示す用語を表示することを禁止しています。「保存料（ソルビン酸）」は別表第1に掲げる添加物のため、「純正」の表示は認められません。

認定テキスト4－4－4

95 解答 ① チェック欄 ☐☐☐

ドレッシング類では、食品表示基準及びドレッシング類の表示に関する公正競争規約に従い、定められた定義に該当する名称を「分離液状ドレッシング」「乳化液状ドレッシング」などと表示します。

認定テキスト4－4－5

96 解答 ④ チェック欄 ☐☐☐

乾燥スープについては、食品表示基準 別表第19で調理方法として「水若しくは牛乳を加えて加熱するものであるか」又は「水、熱湯若しくは牛

151

乳を加えるものであるか」の別を表示するほか、「その加えるものの量」を表示することが定められています。なお、内容量の表示については、個包装されていない場合は、内容重量の表示の文字の次に、括弧を付して、「1人○○mlで○人前」等と表示します。ただし、この製品のように1人前ずつ個包装されているものは、「1人○○mlで○人前」等の表示は省略できます。また、わかりやすさの観点から、内容重量の表示の後に括弧を付して個包装当たりの内容重量と封入した個数を表示することが認められています。

認定テキスト4-4-6

97 解答 ②　　　チェック欄 □ □ □

　食用パームオレインを含む食用植物油脂には、食品表示基準 別表第4により、栄養強化の目的で使用した添加物の省略規定は適用されないため、栄養強化の目的で使用された「ビタミンA」及び「ビタミンD」も含めて、使用した添加物を、添加物に占める重量の割合の高いものから順に添加物の表示規定に従って表示します。

認定テキスト4-4-7

98 解答 ②　　　チェック欄 □ □ □

　ファットスプレッドは、水分含有率ではなく油脂含有率を「食品表示基準」及び「マーガリン類の表示に関する公正競争規約」に従って、パーセントの単位で、単位を明記して表示します。

認定テキスト4-4-8

99 解答 ①　　　チェック欄 □ □ □

　低糖などの「通常より糖度が低い旨を示す用語」は、食品表示基準で禁止されています。ただし、糖度が55ブリックス度以下のものについて、実際の糖度を下回らない整数値により「糖度50度」等と併記した場合については表示が認められています。

認定テキスト4-4-9

100 解答 ②　　チェック欄 □□□

　容器包装詰加圧加熱殺菌食品については、食品表示基準 別表第19に基づいて、具体的な温度と時間ではなく、「食品を気密性のある容器包装に入れ、密封した後、加圧加熱殺菌した旨」を表示します。

　なお、気密性及び遮光性を有する袋状その他の形状に成形した容器に調製した食品を詰め、熱溶融により密封して加圧加熱殺菌したものは、レトルトパウチ食品である旨を別途表示します。　　認定テキスト4－4－10

101 解答 ①　　チェック欄 □□□

　はちみつ類の表示に関する公正競争規約で、はちみつに「純粋」「天然」「生」「完熟」「ピュア」「ナチュラル」「Pure」「Natural」その他これらと類似の意味内容を表す文言を表示しようとする場合には、「純粋」又は「Pure」という文言に統一して表示することが定められているため、「天然はちみつ」と表示することはできません。　　認定テキスト4－4－11

102 解答 ③　　チェック欄 □□□

　パン類の内容量表示については、食品表示基準でカットパン以外のパンについては内容数量を表示することとされています。また、包装食パンについては、包装食パンの表示に関する公正競争規約において、「内容数量を枚数で表示するが、1個のものにあっては表示を省略することができる。」とされているため、内容量は「6枚」と表示します。

　なお、パン類は計量法第13条の特定商品には該当しません。

認定テキスト4－4－13

103 解答 ①　　チェック欄 □□□

　もちのうち、原材料及び添加物に占めるもち米の重量の割合が50％に

満たないものについては、米トレーサビリティ法に基づいて、もち米の産地情報を伝達する必要があります。このため、ラベルシール以外に表示がされない設定の場合、別記様式内にもち米の産地情報を表示する必要があります。

認定テキスト 4 － 4 －14、5 － 8

104 解答 ④　チェック欄 □ □ □

　対象年齢を 1 歳未満に想定している「ベビー飲料」や「ベビーフード」は、乳児用規格適用食品である旨の表示が必要になります。また、乳児用規格適用食品である旨の表示の方法については、消費者庁通知「食品表示基準について（平成 27 年 3 月 30 日消食表第 139 号）」が 2023 年（令和 5 年）6 月に改正され、「乳児用規格適用食品（食品衛生法に基づき、乳児用食品に係る放射性物質の規格が適用される食品）」と表示することとなりました。

認定テキスト 4 － 4 －15

105 解答 ④　チェック欄 □ □ □

　レギュラーコーヒーのうちコーヒー豆を挽いた粉製品については、「形状」ではなく「挽き方」の文字の後に公正競争規約で定められた基準に基づいて「粗（荒）挽き」、「細挽き」等と表示します。

認定テキスト 4 － 4 －16

106 解答 ③　チェック欄 □ □ □

　酒類小売販売場では、酒税法及び酒類行政関係法令等解釈通達などに基づいて、酒類の陳列場所に、「酒類の売場である」又は「酒類の陳列場所である」旨及び「20 歳以上の年齢であることを確認できない場合には酒類を販売しない」旨を表示することが定められています。なお、民法が改正され、2022 年（令和 4 年） 4 月から成人年齢が 20 歳から 18 歳に引き下げられましたが、飲酒や喫煙については健康上の被害を防止するため、引

き続き 20 歳未満の者には禁じられています。これに伴って、2019 年（令和元年）6 月に「未成年者の飲酒防止に関する表示基準」等の告示が改正され、基準における「未成年者」が「二十歳未満の者」に変更されました。

認定テキスト 4 − 5 − 1

107　解答　②　チェック欄

　着色料とは、原材料に存在しない色を着けて食品の色調を整えるためのものです。一方で添加物の硝酸カリウムや亜硝酸ナトリウムは、ハムやソーセージの製造工程において肉を発色させてその色調を整える用途で使用される発色剤です。どちらも食品の色調を整えるものですが、発色剤は動物性食品中に含まれる色素と結合して、加熱しても安定した赤色を呈するようにするもので、原材料に含まれない色を着ける着色料とは区別されます。この発色剤を生鮮食肉や鮮魚介類に使用することは禁止されています。着色料についても生鮮魚介、食肉、野菜に使用することは鮮度や品質に関する消費者の判断を誤らせるおそれがあるため禁止されています。

認定テキスト 5 − 1

108　解答　③　チェック欄

　複合原材料に使用した添加物は、その食品に使用した複合原材料に使用されている以外の添加物とまとめて添加物に占める重量の割合の高いものから順に表示します。このため、添加物の事項欄を設けずに表示する場合についても、複合原材料の括弧内の最後に表示するのではなく、その食品に使用した他の添加物とまとめて表示する必要があります。

認定テキスト 5 − 1

109　解答　②　チェック欄

食品表示基準 別表第 24 に規定のある食品を除いて、容器包装に入れら

れた生鮮食品に食品の保存及び鮮度保持の目的で、添加物を使用・添加した場合であっても、当該添加物の表示義務はありません。①の凍結させた切り身の魚介類や②のシアン化合物を含有する豆類については、食品表示基準で添加物の表示が必要な生鮮食品として別表第24に掲げられているため添加物表示の省略はできません。

認定テキスト5－1

110 解答 ③　　チェック欄 ☐ ☐ ☐

公衆衛生上の見地から、情報として必要性が高いと考えられる用途名併記が必要な添加物の用途は「甘味料」「着色料」「保存料」「増粘剤・安定剤・ゲル化剤又は糊料」「酸化防止剤」「発色剤」「漂白剤」「防かび剤（防ばい剤）」の8種類で、「苦味料」は含まれません。なお、「苦味料」については、用途名ではなく一括名に該当します。

認定テキスト5－1

111 解答 ②　　チェック欄 ☐ ☐ ☐

特定原材料等の表示方法としては、（1）個々の原材料の表示の直後に括弧書きで特定原材料等を記載する個別表示と、（2）事項内の表示の最後に一括して括弧書きで特定原材料等を表示する一括表示がありますが、これらの表示を組み合わせて使用することはできません。

認定テキスト5－2

112 解答 ②　　チェック欄 ☐ ☐ ☐

「乳」のアレルギー表示は「乳成分を含む」と表示します。ただし、「乳」を含む添加物について個別表示をする場合は、日本語的な意味合いから、「乳成分由来」ではなく、「乳由来」と表示することとされています。

認定テキスト5－2

113 解答 ③ チェック欄 □□□

　添加物が加工助剤やキャリーオーバーに該当する場合は、添加物の表示が免除されますが、特定原材料等の場合は、ごく微量でもアレルギーを発症することがあるため、特定原材料である8品目に由来する添加物が加工助剤やキャリーオーバーに該当しても、特定原材料に由来する旨を最終製品まで表示する必要があります。　　　　　　　　　　認定テキスト5−2

114 解答 ③ チェック欄 □□□

　安易に可能性表示を認めた場合、「調査の負担を回避するため十分な調査を行わずに安易に可能性表示を実施することを誘発する」、これにより「食物アレルギー患者にとって症状の出ない商品についても可能性表示が行われ、かえって患者の選択の幅を狭める恐れがある」などの理由から、「入っているかもしれません」などの可能性の表示は認められていません。

認定テキスト5−2

115 解答 ③ チェック欄 □□□

　分別生産流通管理（IP ハンドリング：Identity Preserved Handling）とは、「遺伝子組換え農産物」及び「非遺伝子組換え農産物」を生産、流通及び加工の各段階で善良なる管理者の注意をもって分別管理し、その旨を証明する書類により明確にした管理の方法をいいます。

認定テキスト5−3

116 解答 ① チェック欄 □□□

　遺伝子組換え食品の表示に、遺伝子組換え農産物の英語表記の略称である「GMO」という表現を使用することは消費者が理解できないおそれがあるため使用できません。なお、同様に、遺伝子組換えでない旨を表すも

練習問題の解答と解説

157

のとして、「non-GM」等の表現も認められていません。　認定テキスト5-3

117　解答　③　チェック欄 □ □ □

高リシンとうもろこしを原材料としたコーン油では、ステアリドン酸のような脂肪酸とは異なって、アミノ酸の一種であるリシンは油中に残らず、通常のコーン油と組成・栄養価が変わらないため、「当該形質を有しなくなった」場合には表示義務はありません。　認定テキスト5-3

118　解答　③　チェック欄 □ □ □

2020年（令和2年）7月に有機畜産物及び有機畜産物加工食品が「指定農林物資」に指定され、農産物、農産物加工食品と同様に、畜産物及び畜産物加工食品についても、有機JASによる格付を受け、かつ、有機JASマークを貼付しなければ、「有機」、「オーガニック」等の表示をすることができなくなりました。

また、有機JASでは、指定農林物資に有機JASマークを貼付していない場合、「organic」「有機農法」等の有機と紛らわしい表示を行うことを禁止しています。　認定テキスト5-4

119　解答　③　チェック欄 □ □ □

一般的な水耕栽培農産物や、れき耕栽培わさびは、土壌の性質に由来する農地の生産力を発揮させることを生産の原則として定めている有機農産物のJASに適合しません。このため、有機である旨の表示をすることはできません。　認定テキスト5-4

120　解答　③　チェック欄 □ □ □

ガイドラインの要件を満たしていても「無農薬」「無化学肥料」「減農薬」

「減化学肥料」等消費者に誤認を与えるような用語は表示できません。ただし、一括表示欄に、その具体的な内容が確実に表示されている場合には、一括表示欄の枠外に「農薬未使用」、「農薬無散布」「農薬を使っていません」「農薬節減」「農薬節約栽培」といった消費者に誤解を与えず、特別な栽培方法を正確に消費者に伝えることができる内容の表示は可能です。

認定テキスト5－4

121 解答 ③ チェック欄 □ □ □

特色のある原材料を使用した旨を強調して表示する場合、割合を当該表示に近接する箇所又は原材料名の次に、括弧を付して表示することが原則です。ただし、使用割合が100％の場合のみ、使用割合の表示を省略することができます。

認定テキスト5－5－1

122 解答 ① チェック欄 □ □ □

商標とは、出願する事業者等が、自らの取り扱う商品・サービスを他社のものと区別するために使用するマークであるため、地域団体商標を個人で出願することはできません。地域団体商標を出願することができるのは、地域に根ざした団体であり、国内の「地域の事業協同組合、農業協同組合等の組合」「商工会、商工会議所」「特定非営利活動法人（NPO法人）」と、「これらに相当する外国の法人」となります。 認定テキスト5－5－3

123 解答 ③ チェック欄 □ □ □

栄養機能食品とは、特定の栄養成分の補給のために利用される食品で、その栄養成分について機能の表示をしているもので、食品表示基準に規定された当該栄養成分の含有量の基準を満たし必要な表示が行われていれば、消費者庁長官（国）への許可申請や届出の必要はありません。

認定テキスト5－6

練習問題の解答と解説

124 解答 ①　チェック欄 □ □ □

　栄養機能食品の対象食品は、2015年（平成27年）に「一般用加工食品及び鶏卵」から「一般用加工食品及び一般用生鮮食品」に拡大されました。栄養機能食品が生鮮食品の場合であっても、必要事項を記載した容器包装に入れて販売する必要があります。　　　　　認定テキスト5－6－1

125 解答 ①　チェック欄 □ □ □

　機能性表示食品に表示が認められているのは、原則として、健康な人（生活習慣病等に罹患する前の人又は境界線上の人）における健康の維持・増進に関する表現です。この範囲内であれば、身体の特定の部位に言及した表現を行うことも可能ですが、疾病の治療効果又は予防効果を標榜する表現は認められていません。　　　　　　　　　認定テキスト5－6－2

126 解答 ③　チェック欄 □ □ □

　特定保健用食品は、「特定保健用食品」「特定保健用食品（疾病リスク低減表示）」「特定保健用食品（規格基準型）」「特定保健用食品（再許可等）」「条件付き特定保健用食品」の5つに区分されています。

認定テキスト5－6－3

127 解答 ③　チェック欄 □ □ □

　関与成分の疾病リスク低減効果が医学的・栄養学的に確立されている場合、疾病リスク低減表示を認められているのは、特別用途食品の中でも「特定保健用食品」です。　　　　　　　　　　　　認定テキスト5－6－4

128 解答 ②　　チェック欄 □ □ □

　特別用途食品マークを貼付する食品には、バランスの取れた食生活の普及啓発を図る文言の表示は義務付けられていません。ただし、特別用途食品の中でも、別のマークを付することが定められている特定保健用食品には、この文言の表示が義務付けられています。　　認定テキスト5－6－4

129 解答 ③　　チェック欄 □ □ □

　景品表示法の課徴金制度は、不当な表示等により得た利益に対して課徴金を徴収することで、不当な表示による顧客の誘引を防止することを目的とした制度です。違反行為の自主申告や消費者への自主返金を行うなど、事態の改善を図った場合には、課徴金額の減額等の規定があります。

認定テキスト5－7

130 解答 ①　　チェック欄 □ □ □

　景品表示法で景品とは、顧客を誘引するための手段として、その方法が直接的であるか間接的であるかを問わず、くじの方法によるかどうかを問わず、事業者が自己の供給する商品又は役務の取引に付随して相手方に提供する物品、金銭その他の経済上の利益であって、「内閣総理大臣」が指定するものを指します。　　認定テキスト5－7

131 解答 ③　　チェック欄 □ □ □

　米トレーサビリティ法では、受領・発行した伝票や作成した記録等について、取引等を行った日から3年間保存する必要があります。③のように、記録を作成した日から賞味期限までの期間が3年を超える商品については5年間の保存が義務付けられています。　　認定テキスト5－8

練習問題の解答と解説

161

132 解答 ②

米トレーサビリティ法における「指定米穀等」とは、①の「その流通及び消費の状況から見て、米穀事業者及び一般消費者が、その購入等に際して、その産地を識別することが重要と認められる米穀等」のことで、食用の米穀やもち、米飯類、清酒などの米加工品をいいます。すなわち、飼料用やバイオエタノール原料用等、非食用米穀については「指定米穀等」に該当しません。このため、これらの非食用の米穀については、米トレーサビリティ法に定める取引記録は必要ですが、産地情報の伝達は必要ありません。　　　　　　　　　　　　　　　　　　　　　　　認定テキスト5－8

133 解答 ①

米トレーサビリティ法では産地が外国産の場合、産地情報は「原産国名」を伝達することとされており、「国名」で表示します。国産米の場合には、国産である旨を「国産」「国内産」等のほか、都道府県名、その他一般に知られている地名によって伝達することも認められています。

認定テキスト5－8

134 解答 ③

牛トレーサビリティ法では個体識別番号を一元的に管理し、その牛の性別や種別（黒毛和種など）に加え、出生からとさつ・死亡までの飼養地などを「牛個体識別台帳」（データベース）に記録・保存・公表等を行うことを定めています。農林水産大臣から事務を委任された「独立行政法人家畜改良センター」のウェブサイトにアクセスすることで、消費者は、それらの情報を入手することができます。　　　　　　　　　　認定テキスト5－9

135　解答　②　　チェック欄 □ □ □

　牛トレーサビリティ法の特定料理提供業者とは、主として「焼き肉」「しゃぶしゃぶ」「すき焼き」「ステーキ」を提供している事業者を指します。主として提供しているかどうかの判断は、当該営業施設における仕入れ又は販売額の過半を占めているかどうか等を基準として判断され、ファミリーレストランなどの特定料理が一部メニューに限られている事業者は対象外となります。

認定テキスト5-9

136　解答　②　　チェック欄 □ □ □

　牛トレーサビリティ法で個体識別番号の表示を義務付けているのは、と畜後の枝肉や部分肉を販売する卸売業者、精肉を販売する小売店・スーパーマーケット、インターネットを通じて特定牛肉を販売する事業者等の「販売業者」となります。これらの販売業者は、特定牛肉の販売に関して、個体識別番号の表示、帳簿の備付けが義務付けられています。一方、牛肉を原材料とした製品を製造加工し、その卸売を行う製造業者や、弁当等を調理し、その小売を行う中食業者は対象外です。

認定テキスト5-9

137　解答　③　　チェック欄 □ □ □

　業務用酒類では、消費者に販売する酒類と同様「原材料名」「アレルゲン」「原産国名」の表示は必要ありませんが、「品目」の表示は必要です。酒類以外の業務用加工食品では、容器包装に入れて外食やインストア加工用に納品する場合の「原材料名」「食品関連事業者」「原料原産地名」「原産国名」の表示、容器包装に入れずに、食品工場やセントラルキッチンなど、製造したその場で消費者に販売することのない場所に納品する場合の、「消費期限又は賞味期限」や「保存方法」等の表示は必要ありません。

認定テキスト5-10

163

138 解答 ③

チェック欄 ☐ ☐ ☐

　業務用加工食品を容器包装に入れずに外食やインストア加工用に納品する場合は、業務用加工食品についての消費期限又は賞味期限の表示義務はありません。

認定テキスト5－10

139 解答 ①

チェック欄 ☐ ☐ ☐

　酒税法で定義されている「酒類」とは、アルコール分1度以上の飲料をいいます。この「アルコール分1度以上の飲料」には、薄めてアルコール分1度以上の飲料とすることができるもの又は溶解してアルコール分1度以上の飲料とすることができる粉末状のものを含みます。

認定テキスト5－11

140 解答 ②

チェック欄 ☐ ☐ ☐

　酒類業組合法施行規則の「表示方法の届出を要しない見本」に規定する見本用の酒類については、その酒類（粉末酒を除く。）の容器の容量が100ml未満で、容器の見やすい箇所に「見本」又は「見本用」と明瞭に表示しているものについて、酒類の表示は不要とされています。

認定テキスト5－11

141 解答 ①

チェック欄 ☐ ☐ ☐

　酒類については、加工食品に該当することから、食品表示基準の「原料原産地表示」の対象となっています。ただし、「清酒」、「単式蒸留焼酎（米焼酎）」及び「みりん」については、米トレーサビリティ法に基づき、重量割合上位1位の原材料の原産地が表示（情報伝達）されることとなるため、食品表示基準の原料原産地表示の規定は適用されません。

　なお、②の有機酒類については2022年（令和4年）10月から有機加工

164

食品の JAS の対象に追加されました。　　　　　　　　　認定テキスト 5 −11

142　解答　②　　　　　　チェック欄 □ □ □

　資源有効利用促進法では、消費者にゴミを資源として認識してもらい、容易に容器包装を分別廃棄（排出）できるよう、表示対象となる指定表示製品（容器包装）を定め、その製造、加工又は販売の事業を行う事業者及び、容器包装の製造を発注する事業者（利用者）等に対して、統一されたマーク等の表示を義務付けています。　　　　　　　認定テキスト 5 −12

143　解答　②　　　　　　チェック欄 □ □ □

　ペットボトルで対象とされる「特定調味料」とは、再資源化の観点から「食用油脂を含まず、かつ、簡易な洗浄により当該物品を充てんしたポリエチレンテレフタレート（PET）製の容器から当該物品やその臭いを除去できるもの」として、しょうゆ、しょうゆ加工品、アルコール発酵調味料、みりん風調味料、食酢、調味酢、ドレッシングタイプ調味料が該当します。分離液状ドレッシングには、食用植物油脂を含むことが定義されているため、該当しません。　　　　　　　　　　　認定テキスト 5 −12

144　解答　③　　　　　　チェック欄 □ □ □

　容器包装の識別表示については、国が定める法律に基づくもののほかにも、民間の事業者団体等がアルミを使用していない「飲料用紙容器（紙パック）」などについて、リユースやリサイクルを進める目的で容器包装の素材や回収ルートがあることを示す識別マークを定めているものがあります。　　　　　　　　　　　　　　　　　認定テキスト 5 −12

練習問題の解答と解説

165

145 解答 ③ チェック欄 □ □ □

現在、飲食店等の外食については、アレルゲン情報の提供は義務付けられていませんが、消費者庁と農林水産省の関与のもとで2017年（平成29年）にまとめられた「外食・中食におけるアレルゲン情報の提供に向けた手引き」により、情報提供のあり方などが示されています。

認定テキスト5－14、資料編 資料12

146 解答 ① チェック欄 □ □ □

ガイドラインの対象となる事業者は、業種・業態や事業規模の大小に関わりなく、すべての外食事業者及びインストア加工による惣菜、弁当（持帰り）、量り売り、ばら売り等の販売形態で営む中食事業者です。

認定テキスト5－14、資料編 資料12

147 解答 ③ チェック欄 □ □ □

計量法では、適正な計量の実施の確保として、「計量者」の保護ではなく、「消費者」の保護を目的とする商品量目制度のほか、正確な計量機器が社会に供給されるための計量機器製造業者届出義務や、はかりの定期検査義務などの規定を定めています。 認定テキスト5－15

148 解答 ② チェック欄 □ □ □

計量法の商品量目制度では、消費者が合理的な商品選択を行う上で量目の確認が必要と考えられ、かつ量目公差を課すことが適当と考えられるものを「特定商品」に指定しています。すなわちすべての「特定商品」について、法定計量単位で計量販売するときは量目公差内で計量する必要があります。 認定テキスト5－15

149 解答 ③

チェック欄 □ □ □

　キャンデーのうち、1個の質量が3g未満で、ナッツ類、クリーム、チョコレート等をはさみ、入れ、又は付けたものを除くものを密封して販売する場合のみ、法定計量単位であるグラム又はキログラムを用いて量目公差内で計量し、その内容量と表記者の住所・名称等を表示する必要があります。

認定テキスト5－15

150 解答

チェック欄 □ □ □

	150 [ア]	150 [イ]	150 [ウ]	150 [エ]
解答	③	③	②	②

ア及びイ：「特色のある原材料」を強調表示する際の表示方法として、次のいずれかの割合を当該表示に近接する箇所又は原材料名の次に、括弧を付して表示します。
　　　　　○表示する特色のある原材料が、製品の原材料及び添加物に占める重量の割合
　　　　　○表示する特色のある原材料が、特色のある原材料と同一の種類の原材料に占める重量の割合及び同一の種類の原材料に占める割合である旨

ウ　　：使用割合を「△割」と表示する場合は、消費者の誤認を防止するため、実際の割合より多くならないよう切り捨ての数字を表示します。

エ　　：使用割合が変動する場合、例として、45％〜52％の範囲のものは「45％以上」又は「4割以上」の表示が可能ですが、「45％〜52％」や「5割以上」のように表示することは、含有量が多いとの誤認を与える可能性があることから認められていません。

認定テキスト5－5－1

練習問題の解答と解説

151 解答

チェック欄 ☐ ☐ ☐

	151 [ア]	151 [イ]	151 [ウ]	151 [エ]
解答	③	②	①	③

ア ：2015年（平成27年）4月に施行された食品表示基準に、保健機能食品の1つとして「機能性表示食品」の制度が導入され、保健機能食品は、「特定保健用食品」「栄養機能食品」及び「機能性表示食品」の3つとなっています。

イ ：栄養機能食品の対象となる食品は、容器包装された一般用加工食品及び一般用生鮮食品で、栄養機能食品として販売するためには、食品表示基準に規定された当該栄養成分の含有量の基準を満たしている必要があります。

ウ及びエ：栄養機能食品の表示の対象となる栄養成分はミネラル（6種類）、ビタミン（13種類）、脂肪酸（1種類）で、基準は、食品表示基準 別表第11に規定されています。定められた具体的な栄養成分は次表の成分となります。

ミネラル	亜鉛、カリウム、カルシウム、鉄、銅、マグネシウム
ビタミン	ナイアシン、パントテン酸、ビオチン、ビタミン A、ビタミン B_1、ビタミン B_2、ビタミン B_6、ビタミン B_{12}、ビタミン C、ビタミン D、ビタミン E、ビタミン K、葉酸
脂肪酸	n-3 系脂肪酸

　これらの成分の機能性が表示できるのは、当該栄養成分の1日当たりの摂取目安量に含まれる栄養成分量が、定められた基準（下限値及び上限値）に適合している場合に限ります。

認定テキスト 5 － 6

152 解答

チェック欄 □ □ □

	152 [ア]	152 [イ]	152 [ウ]	152 [エ]
解答	①	②	①	②

ア及びイ：業者間取引における表示箇所については、安全性の確保及び健康の保護・増進に必要な情報以外のものについては、容器包装以外の送り状等の表示媒体に記載することができるとされています。また、この場合、食品と送り状等の同一性を確保し正確な情報が伝達されるようにする必要があります。

ウ　：業者間取引における義務表示の対象の考え方として、本店と支店間での取引等のように同一企業内の取引については、企業が全体として表示責任者となることから、表示義務の対象とはなりません。

エ　：製造や小分けなどの加工行為を行うか否かにかかわらず、卸売業者には表示義務が生じます。義務表示事項がすべて容器包装に表示されている場合を除き、必要な情報を把握し伝達する義務を負います。

認定テキスト5−10

153 解答

チェック欄 □ □ □

	153 [ア]	153 [イ]	153 [ウ]	153 [エ]
解答	②	③	②	③

ア及びイ：生食用食肉等の安全性確保については、2011年（平成23年）に発生した腸管出血性大腸菌による食中毒事件を受け、厚生労働省において罰則を伴う生食用食肉（牛肉）の規格基準が策定され、それに合わせて消費者庁において注意喚起のための表示の基準が定められました。飲食店においても、「一般的に食肉の生食は食中毒のリスクがあること。」及び、「子供、高齢者

その他食中毒に対する抵抗力の弱い人は食肉の生食を控えるべきこと。」の2点を必ず店舗の見やすい場所に表示します。

ウ及びエ：牛トレーサビリティ法による個体識別番号の伝達は、飲食店においても、一定の条件のもとに必要です。「焼き肉」「しゃぶしゃぶ」「すき焼き」「ステーキ」を特定料理といい、これらを主なメニューとして提供する事業者を特定料理提供業者といいます。これらの特定料理提供業者は、提供する特定牛肉について、個体識別番号又は荷口番号を店舗の見やすい場所などに表示します。　　　　　　　　認定テキスト2－3－2、5－9、5－14

154 解答

チェック欄 □ □ □

	154 [ア]	154 [イ]	154 [ウ]	154 [エ]
解答	①	②	②	③

ア　　　　　：景品表示法は「商品及び役務の取引に関連する不当な景品類及び表示による顧客の誘引を防止するため、一般消費者による自主的かつ合理的な選択を阻害するおそれのある行為の制限及び禁止について定めることにより、一般消費者の利益を保護すること」を目的としています。

イ、ウ及びエ：実際の商品よりも優良に誤認させる "ジュースの果汁成分が60％にもかかわらず「100％果汁」と表示" することは優良誤認表示に当たります。実際には存在しない「メーカー希望小売価格」と比較して○割引と表示することや、ばら売りの価格と同じにもかかわらずセット売り商品に「お徳用」と表示することは、"一部の商品だけ5割引なのに「全品5割引」と表示" することと同様に、価格に係る不当な表示として有利誤認表示に該当します。　認定テキスト5－7

155 解答

チェック欄 □ □ □

	155 [ア]	155 [イ]	155 [ウ]	155 [エ]
解答	③	②	③	①

ア及びイ：米トレーサビリティ法に基づいて、消費者へ産地情報を伝達する義務のある指定米穀等には、玄米・精米が該当します。ただし、食品表示基準に基づき、玄米・精米の産地表示をした場合には、産地情報の伝達を行ったこととみなされます。なお、イの①食糧法とは、米粉用や飼料用など主食用以外に用途を限定した米穀、食用に適さない米穀を取り扱う際に遵守すべきものです。

ウ及びエ：米トレーサビリティ法の対象となる「米穀事業者」は、米穀等の販売、輸入、加工、製造又は提供の事業を行う者とされており、外食業者が含まれるため、レストランで提供される料理については、米トレーサビリティ法の対象となります。ただし、きりたんぽは指定米穀等に該当しないため、産地情報を伝達する義務はありません。

認定テキスト5−8

156 解答

チェック欄 □ □ □

	156 [ア]	156 [イ]	156 [ウ]	156 [エ]
解答	①	①	②	③

ア　：資源の有効な利用の促進に関する法律では、「事業者による製品の回収・再利用の実施など再利用対策（リサイクル）」を強化するとともに「製品の省資源化・長寿命化等による廃棄物の発生抑制（リデュース）」「回収した製品からの部品などの再使用（リユース）のための対策」を新たに行うことで、大量生産、大量消費、大量廃棄型の経済システムから、循環型経済システ

ムへの移行を目指しています。

イ及びウ：分別回収をするための表示をすることが再生資源の有効な利用を図る上で特に必要なものとして政令で定める製品を「指定表示製品」と呼び、食品用の容器包装では飲料、酒類用アルミ缶並びにスチール缶、飲料、酒類、特定調味料用のPETボトル、紙製容器包装、プラスチック製容器包装が指定され、識別マークの表示が義務付けられています。

エ　　　：「容器包装に係る分別収集及び再商品化の促進等に関する法律」では、従来は市町村だけが全面的に責任を担っていた容器包装廃棄物の処理を、消費者は分別して排出し、市町村が分別収集し、事業者（容器の製造事業者・容器包装を用いて中身の商品を販売する事業者）は再商品化（リサイクル）するという、3者の役割分担を決め、3者が一体となって容器包装廃棄物の削減に取組むことを義務付けています。　　認定テキスト5−12

157 解答

チェック欄 □□□

	157 [ア]	157 [イ]	157 [ウ]	157 [エ]	157 [オ]	157 [カ]	157 [キ]	157 [ク]
解答	①	②	③	②	③	①	①	②

　公衆衛生上の見地から、情報として必要性が高いと考えられる保存料や甘味料等、消費者の関心が高い添加物について、使用目的や効果を表示することで、消費者の理解を得やすいと考えられる8種類の用途の添加物については、物質名にその用途名を併せて表示しなければなりません。

　また、通知で列挙した添加物を、その定義にかなう用途で用いる場合については「一括名」で表示することが認められています。これらは、複数の組み合わせで効果を発揮することが多く、個々の成分まですべてを表示する必要性が低いと考えられる添加物あるいは食品中にも常在する成分であるため、一括名で表示しても表示の目的を達成できるものであることから、一括名での表示が可能とされており、乳化剤や香料等が該当します。

なお、栄養強化の目的で使用される添加物、加工助剤、キャリーオーバーのいずれかに該当する場合は、表示が免除されます。このため、栄養強化の目的で使用されるビタミン類、ミネラル類、アミノ酸類については、表示が免除されていますが、栄養強化の目的で使用した添加物であっても、食品表示基準 別表第4において、個別に表示義務がある農産物漬物、果実飲料等21食品については表示が必要となります。　認定テキスト5－1

158　解答

チェック欄　☐ ☐ ☐

	158 [ア]	158 [イ]	158 [ウ]	158 [エ]	158 [オ]	158 [カ]	158 [キ]	158 [ク]
解答	②	①	②	③	①	②	③	②

　食物アレルギー患者にとって原因食品を避けることは生命を守ることになりますので、適切な商品選択ができるよう、正確に情報提供が行われることが重要です。特定原材料とは、食物アレルギー症状を引き起こすことが明らかになった食品のうち、特に発症数、重篤度から勘案して義務表示とされたもので、えび、かに、くるみ、小麦、そば、卵、乳、落花生（ピーナッツ）の8品目です。

　また、これら8品目よりは症例数等が少ないものの重篤な症状を呈するものの数が一定数あるため、特定原材料に準ずるものと定められているのが、アーモンド、あわび、いか、いくら、オレンジ、カシューナッツ、キウイフルーツ、牛肉、ごま、さけ、さば、大豆、鶏肉、バナナ、豚肉、マカダミアナッツ、もも、やまいも、りんごとゼラチンの20品目です。

　これらは個別表示を原則としますが、原材料名（及び添加物）欄の最後にまとめて一括表示することもできます。この場合は原材料名欄に卵のように特定原材料がそのまま表示される場合も「（一部に卵・○○・△△を含む）」のように再度表示します。一括表示の部分を見ればその製品に含まれるすべてのアレルゲンを確認できるようにするためです。

認定テキスト5－2

159 解答

チェック欄 □ □ □

	159 [ア]	159 [イ]	159 [ウ]	159 [エ]	159 [オ]	159 [カ]	159 [キ]	159 [ク]
解答	③	②	③	①	②	②	③	①

　牛海綿状脳症（BSE）の国内発生を契機に制定された牛トレーサビリティ法により、国内で出生又は海外から生体で輸入され国内で飼養されるすべての牛に10桁の個体識別番号が付与され、移動やと畜の情報が、家畜改良センターに登録されることとなりました。最終的に消費者はこの個体識別番号を家畜改良センターに照合することで、牛肉の移動履歴を追うことができるようになっています。

　個体識別番号を付与された牛から得られた牛肉を特定牛肉といい、枝肉、部分肉、精肉と加工し流通していく過程においても個体識別番号を記録及び伝達する必要があります。ただし同じ牛から得られた牛肉のうち、レバーなどの内臓肉や頭部から得られる舌、頬肉、個体識別番号の管理が実質的に不可能なくず肉や挽肉は対象外となります。

　また、この特定牛肉をそのまま生鮮食品として販売する場合のほか、「特定料理」（「焼き肉」「しゃぶしゃぶ」「すき焼き」「ステーキ」を指します。）を主に提供している事業者（特定料理提供業者）が特定料理を提供する際にも、消費者が注文する単位であるメニューごとに使用した特定牛肉の個体識別番号を消費者に伝達する必要があります。　　　　認定テキスト5－9

160 解答

チェック欄 □ □ □

	160 [ア]	160 [イ]	160 [ウ]	160 [エ]	160 [オ]	160 [カ]	160 [キ]	160 [ク]
解答	③	②	①	①	②	①	③	①

　栄養機能食品とは、特定の栄養成分の補給のために利用される食品で、対象食品は容器包装された一般用加工食品及び生鮮食品です。規格基準が定められている栄養成分としては、下記の表のとおりです。

ミネラル	亜鉛、カリウム、カルシウム、鉄、銅、マグネシウム
ビタミン	ナイアシン、パントテン酸、ビオチン、ビタミン A、ビタミン B_1、ビタミン B_2、ビタミン B_6、ビタミン B_{12}、ビタミン C、ビタミン D、ビタミン E、ビタミン K、葉酸
脂肪酸	n-3 系脂肪酸

　機能性表示食品の対象となるのは、保健機能を有する成分（機能性関与成分）を含む容器包装に入れられた食品全般です。加工食品、生鮮食品を問わず対象になりますが、特別用途食品（特定保健用食品を含む。）及び栄養機能食品、アルコールを含有する飲料、脂質・飽和脂肪酸・コレステロール・糖類・ナトリウムの過剰な摂取につながる食品については対象外となっています。

　また、これらの食品は、販売を開始する日の 60 日前までに消費者庁長官に届け出たものであることとされています。なお、届出時に提出される資料の確認に特に時間を要すると消費者庁長官が認める場合は、120 日前までに届出します。

　特別用途食品とは、食品に本来含まれている栄養成分を増減して、乳児、幼児、妊産婦、病者といった健康上特別な状態にある人の発育又は健康の保持、もしくは回復のために供されることを目的とし、健康増進法に基づく許可又は承認（海外で生産し、日本国内で販売する商品の場合）を受けた食品です。現在、特別用途食品には「病者用食品」「妊産婦・授乳婦用粉乳」「乳児用調製乳」「えん下困難者用食品」及び「特定保健用食品」があります。

認定テキスト 5 － 6

161 解答

チェック欄 □ □ □

	161 [ア]	161 [イ]	161 [ウ]	161 [エ]	161 [オ]	161 [カ]	161 [キ]	161 [ク]
解答	①	③	①	②	②	①	②	③

　計量法は、物象の状態の量を計るための計量の基準（グラムやキログラム、ミリリットルやリットルなど）を定めるほか、商品量目制度や計量機

練習問題の解答と解説

175

器に関する規定を通じて適正な計量の実施を確保し、もって経済の発展及び文化の向上に寄与することを目的とした法令です。食品は、この「商品量目制度」の対象として、正しく計量することが求められています。

なかでも消費者が合理的な商品選択を行う上で量目の確認が必要と考えられ、かつ量目公差を課すことが適当と考えられるものは「特定商品」に指定されており、特定商品について計量結果を表示して販売する場合は、決められた許容誤差（量目公差）の範囲内で計量して販売し、特定商品のうち政令で定められたものを密封して販売する場合には、内容量及び表記した者についての情報を併記する必要があります。

一方、はかりそのものが不正確であっては、適正な計量はできません。このため、一般の取引等で使うはかりについては2年に1回、都道府県の計量検定所などで検査を受けることが義務付けられています。

認定テキスト5 −15

162 解答

チェック欄 □ □ □

	162 [ア]	162 [イ]	162 [ウ]	162 [エ]	162 [オ]	162 [カ]	162 [キ]	162 [ク]
解答	②	①	①	②	③	③	②	①

「特色のある原材料」とは、特色のあることを示す用語を冠することにより、一般的名称で表示される原材料に対し差別化を図ったものです。具体的には特定の原産地のもの、有機農畜産物や有機加工食品、特定の製造地のもの、特別な栽培方法により生産された農産物のほか、問題文のような品種名や、銘柄・ブランド・商品名が相当します。ただし酒類には食品表示基準の特色のある原材料の規定は適用されません。

また、地理的表示保護制度とは、品質、社会的評価その他の確立した特性が産地と結び付いている産品について、その名称（地理的表示）を知的財産として保護するものです。

このほかに2006年（平成18年）に「商標法」の一部が改正され、「地域名＋商品・役務名」の文字から構成される商標が、一定の条件を満たせ

ば、地域ブランド育成の早い段階で商標登録が受けられるようになりました。この商標を「地域団体商標」といいます。

認定テキスト5－5

163 解答 ③

チェック欄 □□□

　一般用添加物についても一般用加工食品と同様に、容器包装の表示可能面積がおおむね30cm²以下であるものは、栄養成分表示を省略することが認められています。

認定テキスト6－1

164 解答 ②

チェック欄 □□□

　粉末スープ等のように、水等を加えることによって、販売時と摂食時で重量に変化があるものは、販売時の栄養成分の量及び熱量を表示します。なお、塩抜きをする塩蔵品等のように調理により栄養成分の量が変化するものは、調理後の栄養成分の量を併記することが望ましいとされています。

認定テキスト6－1

165 解答 ③

チェック欄 □□□

　食物繊維又は糖質のいずれかを表示したい場合、炭水化物の量を表示した上で、糖質、食物繊維の順にその両方の量を、炭水化物の内訳成分であることがわかるように表示する必要があります。さらに糖類も表示したい場合は糖質の内訳成分であることがわかるように表示します。

認定テキスト6－2

166 解答 ①

チェック欄 □□□

　ナトリウム塩を添加していない食品に限り、任意でナトリウムの量を表示することができます。ただし、単独でナトリウムの量を表示することは

練習問題の解答と解説

177

認められておらず、ナトリウムの量の次に必ず食塩相当量を括弧書きで併記します。

認定テキスト6-2

167 解答 ②　　　　　　チェック欄 □ □ □

　糖類を添加していない旨の表示を行う際の要件として、「糖類に代わる原材料又は添加物を使用していないこと。」が掲げられているため、糖類を使用していなくても糖類に代わるジャムや濃縮した果汁等の原材料が使用されている場合は、糖類を添加していない旨の表示を行うことはできません。

認定テキスト6-3

168 解答 ④　　　　　　チェック欄 □ □ □

　食塩相当量の表示単位は mg ではなく「g」で表示することが定められています。このため、15mg をグラムに換算して「0.015g」と表示します。食塩相当量の最小表示値は小数第1位ですが、このように「0.015g」と小数第1位に満たないケースであって、ナトリウムの量が「0と表示することができる量（食品表示基準 別表第9第5欄)」以上であるときは、有効数字1桁以上を表示することが定められているため「0.02g」と表示することもできます。なお、食塩相当量を「0」と表示できる場合には、「0.0」、「0」と表示しても差し支えありません。

認定テキスト6-2

169 解答 ③　　　　　　チェック欄 □ □ □

　食品表示基準では、栄養成分表示について義務対象のみを表示した別記様式2と、表示が必要な栄養成分及び熱量に対応する別記様式3を定めています。「糖質」と「糖類」の表示については、炭水化物の内訳表示として糖質を1文字下げて表示すること、糖類はこの糖質に対してさらに1文字下げて表示することが定められています。

認定テキスト6-2

170 解答 ③ チェック欄 ☐☐☐

　表示が必要な栄養成分及び熱量については食品表示基準で規定され、別表第9に掲げられたものは、表示が必要な栄養成分として別記様式内に、それ以外については、別記様式外に表示します。「グルコサミン」は別表第9に掲げられた成分には該当しないため、別記様式枠外に表示します。

認定テキスト6－2

171 解答 ④ チェック欄 ☐☐☐

　栄養成分及び熱量については、表示の単位が食品表示基準　別表第9で定められており、カリウムは「mg」の単位を用いて表示します。なお、④の欄のカリウムの表示で使用している「下限値及び上限値による表示」については、カリウム以外の値の表示で使用している「一定の値による表示」と、1つの栄養成分表示の中に混在して表示することが認められています。

　なお、義務表示項目について「0と表示することができる量（食品表示基準　別表第9第5欄）」の基準を満たしている場合であっても、栄養成分名を省略することはできませんが、①の「たんぱく質・脂質：0g」のように一括して表示することはできます。

認定テキスト6－2

172 [ア] 解答 ④ チェック欄 ☐☐☐

　乳製品については、乳等命令の定義に従った種類別を表示します。この定義に従って「乳又はこれらを原料として製造した食品を加工し、又は主要原料としたものを凍結させたものであって、重量百分率で乳固形分15.0％以上、うち乳脂肪分8.0％以上のもの」については、アイスクリームと表示します。

認定テキスト4－2－8

練習問題の解答と解説

179

172 [イ]　解答　③　チェック欄 □□□

　アイスクリームでは、無脂乳固形分の重量百分率をパーセントの単位で小数第1位まで表示することとされています。ただし、1%以上のものにあっては、小数第1位の数値の1から4までは0と、6から9までは5として、0.5%間隔で表示することが認められていますので、この製品の無脂乳固形分5.2%を、「無脂乳固形分　5.0%」と表示することができます。

認定テキスト4－2－8

172 [ウ]　解答　②　チェック欄 □□□

　アイスクリームでは、乳脂肪分の重量百分率をパーセントの単位で小数第1位まで表示することとされています。この製品の乳脂肪分は10.5%のため、「乳脂肪分　10.5%」と表示します。

認定テキスト4－2－8

172 [エ]　解答　④　チェック欄 □□□

　アイスクリームでは、乳脂肪分以外の脂肪分についても、その脂肪分の個々の名称及びそれぞれの重量百分率をパーセントの単位で表示します。ただし、1%以上のものにあっては、小数第1位の数値の1から4までは0と、6から9までは5として、0.5%間隔で表示することが認められていますので、この製品の卵脂肪分は2.4%のため、「卵脂肪分　2.0%」と表示することができます。

認定テキスト4－2－8

172 [オ]　解答　④　チェック欄 □□□

　使用した原材料に占める重量の割合が最も高い原材料については、原料原産地を表示します。また、対象となる原材料が加工食品の場合は、製造地を原料原産地名として表示します。生乳は生鮮食品ですが、牛乳は加工食品となります。

認定テキスト3－5

172 [カ] 解答 ③ チェック欄 □□□

　割卵機で分割した卵黄には必ず卵白が混入するなど、卵黄と卵白の産業的完全分離は困難なことから、原材料に「卵白」又は「卵黄」のいずれかのみを使用している場合であっても、アレルギー表示としては「卵」であることを食物アレルギー患者等に認識してもらうことが必要です。このため、「卵白」と「卵黄」については、代替表記の拡大表記の対象から除外され、卵黄と卵白には「卵」の文字が含まれていますが、「卵を含む」旨を表示することが定められています。　　　　　　　　　　　　認定テキスト5－2

172 [キ] 解答 ④ チェック欄 □□□

　カラギナンやカロブビーンガムのような多糖類を2種以上併用した場合は、簡略名として「増粘多糖類」と表示することができます。また、増粘多糖類を増粘の目的で使用する場合には増粘剤又は糊料の用途名併記を省略することができますが、アイスクリームのように安定の目的で使用する場合は省略できず「安定剤（増粘多糖類）」と表示します。なお、①の「増粘安定剤」は食品への使用目的を表す用語であり、用途名併記には使用できません。　　　　　　　　　　　　　　　　　　認定テキスト5－1

練習問題の解答と解説

172 [ク] 解答 ② チェック欄 □□□

　乳製品については、表示責任者の氏名又は名称及び住所を表示します。この製品の表示責任者は、製造者の「株式会社□□乳業」ですので、事項名は製造者となります。　　　　　　　　　　　　　認定テキスト4－2－6

172 [ケ] 解答 ④ チェック欄 □□□

　表示責任者が製造所と異なる場合は、製造所等の所在地及び製造者等の氏名又は名称を、「表示責任者の氏名又は名称及び住所の表示」に近接し

181

て表示します。この際、「表示責任者の氏名又は名称及び住所の表示」と製造者が届け出た製造所固有記号に＋の記号を冠して表示することが認められています。

認定テキスト3－10

172 [コ] 解答 ②

公正競争規約では、この表示のように賞味期限及び保存方法の表示を省略する場合は、保存上の注意を「ご家庭では－18℃以下で保存してください。」等と表示することを定めています。

認定テキスト4－2－8

173 [ア] 解答 ③

加熱食肉製品については、加熱食肉製品である旨及び包装後加熱か加熱後包装かの別を、「加熱食肉製品（加熱後包装）」等と表示します。この製品は製品を加熱殺菌した後にブロック状に切断し包装しているので（加熱後包装）となります。

認定テキスト4－2－3

173 [イ] 解答 ②

ソーセージ類であるボロニアソーセージについて、ブロック、スライス又はその他の形状に切断して容器包装に入れたものは、「ボロニアソーセージ（ブロック）」等のように、名称の次に括弧を付してその形状を表示します。

認定テキスト4－2－3

173 [ウ] 解答 ④

使用した原材料に占める重量の割合が最も高い原材料については、原料原産地を表示します。また、対象となる原材料が外国産の生鮮食品の場合は、その原料原産地として原産国名を表示します。このため、外国の半島名などを原料原産地として表示することはできません。

認定テキスト3－5

173 [エ]　解答　④　　チェック欄 ☐☐☐

　黒コショウとクローブは食品である原材料です。個別に記載するほか
に、一定の条件を満たしていれば「香辛料」とまとめて表記することが認
められています。　　　　　　　　　　　　　　　　認定テキスト4－2－4

173 [オ]　解答　①　　チェック欄 ☐☐☐

　添加物は、添加物に占める重量の割合が最も高いものから順に表示しま
す。リン酸塩（Na）の使用用途の「結着剤」は用途名や一括名ではないため、
原則的な表示方法の物質名などで表示します。　　　　認定テキスト5－1

173 [カ]　解答　③　　チェック欄 ☐☐☐

　調味料の「グルタミン酸Na」と「コハク酸二ナトリウム」は、調味料
としてまとめて表示するため各々の配合量を合算して配合順位を決定しま
す。合算した値が添加物に占める重量の割合で2番目に高くなるため、リ
ン酸塩（Na）の次に「調味料（アミノ酸等）」と表示します。

認定テキスト5－1

173 [キ]　解答　②　　チェック欄 ☐☐☐

　カラギナンは添加物に占める重量の割合が3番目に高くなります。ま
た、増粘剤は用途名併記の添加物のため、調味料の次に用途名を併記して
「増粘剤（カラギナン）」と表示します。　　　　　　認定テキスト5－1

173 [ク]　解答　③　　チェック欄 ☐☐☐

　2025年4月1日に製造し、期限は製造日の当日から45日目ですので、
賞味期限は2025年5月15日です。製造から賞味期限までの期間が3か月

183

を超えないため、年月での表示は行えません。また、年月日をピリオド(.)などで区切って表示をすることが困難な場合は、「年」「月」「日」をそれぞれ数字だけで表記する方法が認められています。この場合は、西暦年については4桁、又は末尾2桁、月や日が1桁の場合は頭に数字の「0」を付けて2桁とし「250515」のように表記します。　　　認定テキスト3−7

173[ケ]　解答　②　　チェック欄 □ □ □

　加熱食肉製品は、食品衛生法の保存基準により10℃以下で保存することが定められています。このため、保存方法はこの温度を下回る温度で適切に表示する必要があります。　　　認定テキスト4−2−3

173[コ]　解答　④　　チェック欄 □ □ □

　この製品では表示に責任を持つ者が販売者のため、一括表示枠内には販売者を表示します。また、同一製品を2以上の製造所で製造しているため、販売者と+の記号を冠した製造所固有記号で表示を行うことが可能です。この場合、「販売者の名称及び住所」、消費者庁長官に届け出た「製造所固有記号」の表示、「応答義務の表示」を行います。「応答義務の表示」には、この製品のように食品のパッケージに製造所の所在地等一覧を表示する方法があります。　　　認定テキスト3−10

食品表示検定試験〈中級〉

模擬問題

（実際の試験の制限時間は 90 分間です）

問1 （各1点×6）

次の文章の【　　】にあてはまる最も適切なものを、選択肢の中から1つ選びなさい。

1　ア．食品表示法において、【　ア　】は表示対象とされていない。

① 酒類

② サンプル品

③ 医薬品

1　イ．【　イ　】の目的は、飲食に起因する衛生上の危害発生を防止することである。

① 食品衛生法

② 健康増進法

③ 消費者基本法

1　ウ．食品表示法において、食品を摂取する際の安全性に影響を及ぼす
　　事項には【　ウ　】がある。

　　①　「名称」「保存の方法」「消費期限又は賞味期限」

　　②　「原材料名」「保存の方法」「調理方法」

　　③　「原材料名」「原料原産地名」「消費期限又は賞味期限」

1　エ．食品表示法に定める「食品関連事業者以外の販売者」に該当しな
　　いのは、【　エ　】である。

　　①　小学校のバザーで袋詰めのクッキーを販売する保護者

　　②　繁忙時のみ自家製コロッケをパック詰めにし、陳列して販売す
　　　　る惣菜店

　　③　町内会の祭りで、瓶詰の手作りジャムを販売する町内会の役員

1　オ．一定の作為は加えるが、加工に至らない調整の例として【　オ　】
　　が該当する。

　　①　にんじんとキャベツを千切りにして混合したもの

　　②　だいこんを千切りにして干したもの

　　③　米穀を保存するため乾燥したもの

模擬問題

187

1　カ．健康増進法に基づき、表示が行われているのは、【　カ　】である。

① 特別用途食品

② 有機食品

③ 指定米穀等

問2（各1点×5）

次の文章の【　　　】にあてはまる最も適切なものを、選択肢の中から1つ選びなさい。

2　ア．特定商品に該当する乾燥した大豆などの豆類を密封して販売する場合、計量法により「内容量」及び「【　ア　】」を表示する。

① 名称

② 期限表示

③ 保存方法

④ 表記する者の氏名又は名称及び住所

2　イ．精米には、表示内容に責任を有する者の氏名又は名称、住所及び【　イ　】を表示する。

① 電話番号

② 販売登録者番号

③ メールアドレス

④ 精米所の所在地

2　ウ．パック詰めの生食用鶏卵に、【　ウ　】の表示は必要ない。

① 生食用である旨

② 賞味期限

③ 採卵年月日

④ 使用方法

2　エ．玄米及び精米の名称は、玄米、もち精米、うるち精米（又は精米）、
【　エ　】のうち、該当するものを表示する。

① 胚芽精米

② たんぱく質調整米

③ 証明米

④ ビタミン強化米

2　オ．「地鶏肉の日本農林規格」において、表示が義務付けられていないのは【　オ　】である。

① 父鶏母鶏の組合せ

② 飼育密度

③ 飼育期間

④ 飼育方法

問3 (各1点×5)

次の表示例の中で、その内容が最も不適切なものを、選択肢の中から1つ選びなさい。

※商品や売場に、その他の表示はないものとする。

3　ア．スーパーの青果物売場での表示（包装品の場合）

3　イ．精肉店での表示（無包装の場合）

3　ウ．鮮魚店での表示（無包装の場合）

3　エ. スーパーの生鮮食品売場での表示（店外で加工し、包装されたもの）

①

名称：生かき（加熱加工用）
原産地：宮城県
消費期限：20〇〇年 6 月 14 日
保存方法：10℃以下で保存してください。
加工者：〇〇水産（株）
　　　　　　〇〇県〇〇市〇〇町〇－〇－〇

②

名称：鶏もも肉（唐揚げ用）　解凍品
原産地：ブラジル
内容量：500g
賞味期限：20〇〇年 7 月 30 日
保存方法：10℃以下で保存してください。
加工者：△△ミート（株）
　　　　　　△△県△△市△△町〇－〇－〇
100g 当たり〇〇円　お値段〇〇円(税込)

③

長崎県　とらふぐ刺身

消費期限	加工年月日
20〇〇. 6. 13	20〇〇. 6. 12

内容量
1 人前

お値段
〇〇円
（税込）

加工者　㈱〇〇水産
〇〇県〇〇市〇〇町〇－〇

④

秋田県産若鶏むね肉（皮なし）

消費期限	要冷蔵
20〇〇. 6. 14	(10℃以下)

内容量　200g
100g 当たり〇〇円

お値段
〇〇円
（税込）

加工者　㈱〇〇スーパー
〇〇県〇〇市〇〇町〇－〇

模擬問題

3　オ．スーパーの生鮮食品売場での表示（包装されたもの）

※自治体等の条例については、考慮しないものとする。

①

サラダ用カットキャベツ
キャベツ（長野県産）、
紫キャベツ（愛知県産）

②

名称：生かき（生食用）
消費期限：20○○年 11 月 23 日
保存方法：10℃以下で保存してく
　　　　　ださい。
採取水域：宮城県気仙沼湾
加工者：○○水産（株）
　　　　△△県△△市△△町○－
　　　　○－○

③

名称	精米		
原料玄米	産地	品種	産年
	単一原料米 熊本県　△のくまさん　○年産		
内容量	2kg		
精米時期	令和○年 11 月 22 日		
販売者	○○米穀株式会社 熊本県○○市○○町 1－1 電話番号○○○（○○○）○○○○		

④

名称	精米			
原料玄米	産地	品種	産年	使用割合
	複数原料米 アメリカ産　　　20○○年産　　2 割 国内産　　　　20○○年産　　8 割 〔国内産　○○ヒカリ 20○○年産 8 割〕			
内容量	5kg			
精米時期	20○○年 11 月下旬			
販売者	○○太郎 東京都○○市○○町 1－1 電話番号○○○（○○○）○○○○			

問4（各1点×5）

次のア～オの問いに答えなさい。

4　ア.「生鮮食品（玄米・精米）の表示」に関する次の選択肢の中で、その内容が最も<u>不適切なもの</u>を1つ選びなさい。

① 単一原料米とは、産地、品種及び産年が同一であり、産地等の証明を受けた原料玄米を用いたものをいう。

② 玄米に新米と表示できる条件は、原料玄米が生産された当該年の12月31日までに容器包装に入れられたものである。

③ 精米に精麦又はあわなどの雑穀を混合したものにあっては、精麦又は雑穀を合計した内容重量を表示し、次に括弧を付して「（精麦5％、あわ3％）」のように割合を表示する。

④ 産地、品種及び産年の表示根拠を示す資料の保管を要件として、証明を受けていない原料玄米であっても産地、品種及び産年を表示できる。

模擬問題

4　イ．「生鮮食品（鮮魚）の表示」に関する次の選択肢の中で、その内容が最も不適切なものを1つ選びなさい。

① 凍結されたものを解凍した場合には、その旨を表示する。

② 刺身や寿司ネタ等の切り身又はむき身にした鮮魚介類には、「刺身用」等生食用である旨を表示する。

③ 外国船が漁獲して国内の港に水揚げした鮮魚は、国産品として水域名を表示する。

④ 養殖したものは、「養殖」と表示する。

4　ウ．「生鮮食品の表示方法」に関する次の選択肢の中で、その内容が最も不適切なものを1つ選びなさい。

① 芋類では、発芽防止目的で放射線照射をすることは認められているが、じゃがいも以外については放射線照射に関する表示の必要はない。

② 異なる種類の果物を、カットせずに詰め合わせた商品は、それぞれに名称と原産地を表示する。

③ 切り身又はむき身にした魚介類を凍結させたものには、個別的表示事項が定められている。

④ 文字の色は、背景の色と対照的な色とする。

4　エ.「生鮮食品（食肉）の表示」に関する次の選択肢の中で、その内容が最も不適切なものを1つ選びなさい。

① 生食用の牛肉（内臓を除く。）については、「一般的に食肉の生食は食中毒のリスクがある旨」の表示が必要である。

② 黒豚の表示は、バークシャー純粋種の豚肉であっても外国産のものに対しては認められていない。

③ 鶏肉を凍結して販売するものは「凍結品」と、解凍して販売するものは「解凍品」と表示する。

④ 切り落としなど、同じ種類の畜産物で複数の原産地のものを混合したものは、その製品に占める重量の割合の高い順に表示する。

4　オ.「生鮮食品（水産物）の名称の表示」に関する次の選択肢の中で、その内容が最も不適切なものを1つ選びなさい。

① 国産のアキアジ、トキサケなど、一般に理解される季節に応じた名称でも表示できる。

② イナダやワラサのような、一般に理解される成長段階に応じた名称でも表示できる。

③ 一般に理解される地域では、地域特有の名称（地方名）でも表示できる。

④ ブランド名でも一般によく知られている場合については名称として表示できる。

問5（各1点×5）

次のア～オの問いに答えなさい。

5　ア．「加工食品の名称」に関する次の選択肢の中で、その内容が最も
不適切なものを1つ選びなさい。

①　食品表示基準で名称が定められていない品目については、商品
名がその内容を表す一般的な名称であれば、その商品名を名称
として使用できる。

②　名称に括弧を付して商品名を併記することはできない。

③　新製品で業界内でも名称が広く通用していない食品の場合、そ
の食品の内容が社会通念上判断できるものであれば、名称とし
て表示できる。

5　イ．「保存方法」に関する次の選択肢の中で、その内容が最も不適切
なものを1つ選びなさい。

①　保存方法は、別記様式内に記載箇所を明示しても、単独で別記
様式欄外には表示できない。

②　食塩及びうま味調味料は、期限表示と保存方法の表示を省略で
きる。

③　常温で保存すること以外に留意すべき特段の事項のないもの
は、常温で保存する旨の表示を省略できる。

模擬問題

199

5 ウ.「原産国名の表示」に関する次の選択肢の中で、原産国表示が不要なものを1つ選びなさい。

① 製品輸入したものを、国内で詰め合わせた製品

② バルクで輸入したものを、国内で小分けして容器包装した製品

③ 輸入した緑茶の荒茶を国内で仕上げ茶に加工したもの

5 エ.「複合原材料」に関する次の選択肢の中で、その内容が最も不適切なものを1つ選びなさい。

① 複合原材料とは、2種類以上の原材料からなる原材料をいう。

② 複合原材料は、その複合原材料の名称の次に括弧を付して、それを構成する原材料と添加物を重量の割合の高いものから順に表示する。

③ 複合原材料が製品の原材料に占める割合が5%未満の場合は、複合原材料についての原材料の表示を省略できる。

5　オ.「内容量」に関する次の選択肢の中で、その内容が最も不適切なものを1つ選びなさい。

① 計量法に定められている特定商品は、その数値が1,000を超える数値とならないような計量単位を用いて表示する。

② たけのこの水煮のように、固形物に充てん液を加え缶及び瓶以外の容器包装に密封したものは、内容量に代えて固形量を表示できる。

③ 別記様式枠内に内容量を表示できない場合は、内容量欄に記載箇所を明記した上で枠外に表示できる。

問6 （各1点×5）

次のア～オの問いに答えなさい。

6　ア．「製造」に該当する行為を、次の選択肢の中から1つ選びなさい。

① 加工食品のうなぎのかば焼きをバルクで仕入れ小分けする。

② 生鮮食品のカツオの表面をあぶってたたきにする。

③ 加工食品の干しぶどうが固まらないように植物油を塗布する。

④ 生鮮食品の食肉を切断した上で調味液に漬けてパックに包装する。

6　イ．計量法における特定商品に該当しない品目を、次の選択肢の中から1つ選びなさい。

① でん粉

② 食パン

③ 乾めん類

④ はちみつ

6　ウ. 食品表示基準において、名称が定められている品目のうち、<u>定義に合わない製品にはその名称を使用することができない</u>と定められている食品を、次の選択肢の中から1つ選びなさい。

① 惣菜

② 菓子類

③ 食用植物油脂

④ 調理冷凍食品

6　エ. 「製造所固有記号」を使用した表示例のうち、<u>最も正しいもの</u>を、次の選択肢の中から1つ選びなさい。

《前提条件》 製造者として本社住所を表示し、実際の製造所について製造所固有記号を利用する。

①
| 製造者　〇〇株式会社　　－AB |
| 〇〇県〇〇市〇町〇番地 |

お客様ダイヤル0120－〇〇〇－〇〇〇

②
| 製造者　〇〇株式会社　　1A |
| 〇〇県〇〇市〇町〇番地 |

製造所固有記号
1A: 〇〇工場 〇〇県〇〇市〇町〇番地
2A: △△工場 △△県△△市△町△番地

③
| 製造者　〇〇株式会社　　＋AC |
| 〇〇県〇〇市〇町〇番地 |

当社ウェブサイト　https://www……

④
| 製造者　〇〇株式会社　　＋甲3 |
| 〇〇県〇〇市〇町〇番地 |

お客様ダイヤル0120－〇〇〇－〇〇〇

模擬問題

6　オ．原産国名を表示する必要がない製品を、次の選択肢の中から1つ
　　選びなさい。

　　① A国で製造された「干しえび」を輸入し、国内で小分けし容
　　　器包装した製品

　　② A国で製造した数種類の「缶入りの紅茶」を輸入し、国内で
　　　詰め合わせた製品

　　③ A国から「素焼きをしたおかき」を輸入し、国内で味付けを
　　　した製品

　　④ A国産の「いりごま」とB国産の「ちりめんじゃこ」をC国
　　　で混合し、輸入した製品

問7（各1点×15）

次のア～ソの問いに答えなさい。

7　ア．次のカットフルーツ盛合せの表示例の中で、<u>最も不適切なものを</u>選択肢の中から1つ選びなさい。

《前提条件》パイナップルに添加物のフルジオキソニルを防かび剤として使用したもの

名称	カットフルーツ盛合せ
① → 原材料名	パイナップル、グレープフルーツ、オレンジ／フルジオキソニル
② → 原料原産地名	フィリピン（パイナップル）
③ → 内容量	300g
消費期限	20○○. ○○. ○○
④ → 保存方法	10℃以下で保存してください。
加工者	○○フレッシュ株式会社 北海道○○市○○町○－○－○
加工年月日	20○○. 6. 13

模擬問題

7 イ．次の農産物漬物の表示例の中で、**最も不適切なもの**を選択肢の中から1つ選びなさい。

《前提条件》刻んだ国産のわさびを使用したもの

名称	わさび漬
① → 原材料名	わさび、漬け原材料（酒かす、砂糖、還元水飴、発酵調味料、食塩、からし粉）／調味料（アミノ酸等）、（一部に小麦を含む）
② → 原料原産地名	国産（わさび）
③ → 固形量	50g
賞味期限	20○○．○○．○○
④ → 保存方法	10℃以下で保存してください。
製造者	○○食品株式会社 ○○県○○市○○町○－○－○

7 ウ．次の味付け肉の表示例の中で、**最も不適切なもの**を選択肢の中から1つ選びなさい。

① → 名称	牛肉ばら味付（焼肉用）
原材料名	牛肉（豪州産）、しょうゆ（大豆・小麦を含む）、りんご果汁、野菜（たまねぎ、生姜、にんにく）、みりん、発酵調味料、食酢、ワイン、香辛料
添加物	調味料（アミノ酸等）、酸味料
② → 内容量	300g
消費期限	20○○年○○月○○日
③ → 保存方法	要冷蔵（10℃以下で保存）
製造者	株式会社　○○ファーム ○○県○○市○○町○－○－○
④ → ＊味付け処理してありますので、十分注意してください。	

7 エ. 次の乳製品の表示例の中で、<u>最も不適切なもの</u>を選択肢の中から
1つ選びなさい。

《前提条件》 個人事業主が経営している牧場で製造したもの

①→

種類別	ナチュラルチーズ
原材料名	生乳、食塩
内容量	180g
賞味期限	20○○．○○．○○
保存方法	要冷蔵（10℃以下）
製造者	○○牧場 ○○県○○市○○町○－○－○

②→ 内容量
③→ 保存方法
④→ 製造者

この製品は包装後加熱殺菌したものです。

7 オ. 次の塩干魚類の表示例の中で、<u>最も不適切なもの</u>を選択肢の中か
ら1つ選びなさい。

《前提条件》 カナダ船籍の船がバンクーバー沖で漁獲した「にしん」
を輸入して、北海道で加工したもの

①→ 加工地：北海道

名称	にしん丸干し
原材料名	にしん、食塩
原料原産地名	バンクーバー沖
内容量	2尾
消費期限	20○○．○○．○○
保存方法	10℃以下で保存してください。
製造者	有限会社○○水産 北海道○○市○○町○－○－○

②→ 原材料名
③→ 原料原産地名
④→ 内容量

模擬問題

7　カ．次の魚肉練り製品の表示例の中で、最も不適切なものを選択肢の
　　中から1つ選びなさい。

《前提条件》 使用する魚肉は、国産のたらを仕入れ、製造工場ですり身にしたもの

① →	名称	蒸しかまぼこ
② →	原材料名	魚肉（国産）、でん粉、食塩、砂糖、大豆たん白、発酵調味液、乳糖／調味料（アミノ酸等）、貝 Ca、赤色106号
③ →	内容量	200g
	賞味期限	20○○. ○○. ○○
④ →	保存方法	10℃以下で保存してください。
	製造者	株式会社○○食品 ○○県○○市○○町○－○－○

でん粉含有率 4.5%

7　キ．次の乾めん類の表示例の中で、最も不適切なものを選択肢の中から1つ選びなさい。

①→	名称	干しうどん
②→	原材料名	小麦粉（国内製造）、でん粉、しょうゆ（大豆を含む）、糖類、食塩、かつおぶし、乾燥ねぎ／pH 調整剤、調味料（アミノ酸）
	内容量	220g（めん 180g、添付調味料 40g）
	賞味期限	20○○．○○．○○
③→	保存方法	直射日光、高温多湿を避け、常温で保存してください。
④→	調理方法	枠外下部に記載
	製造者	株式会社○○製麺 ○○県○○市○○町○−○−○

調理方法：1）○○○○○○○○○○○○○○○○○○
　　　　　2）○○○○○○○○○○○○○○○○○○

7　ク．次のしょうゆの表示例の中で、最も不適切なものを選択肢の中から1つ選びなさい。

①→	名称	うすくちしょうゆ（天然醸造）
	原材料名	脱脂加工大豆（国内製造）、小麦、食塩
②→	内容量	500ml
	賞味期限	20○○年○○月
③→	保存方法	直射日光、高温多湿を避け常温で保存してください。
④→	製造者	株式会社○○醸造 ○○県○○市○○町○−○−○

7　ケ．次のレトルトパウチ食品の表示例の中で、最も不適切なものを選
　　択肢の中から1つ選びなさい。

① ➡ ※本品は、レトルトパウチ食品です。　　　　　　1人前

名称	ぜんざい
原材料名	小豆（国産）、砂糖、食塩、ぶどう糖、水あめ
殺菌方法	気密性容器に密封し、加圧加熱殺菌
内容量	200グラム
賞味期限	別途記載
保存方法	直射日光を避けて保存してください。
製造者	株式会社○○食品 ○○県○○市○○町○－○－○

② ➡ 殺菌方法
③ ➡ 内容量
④ ➡ 賞味期限

【調理方法】　封を切らずにそのまま熱湯に入れ、3分間温
　　　　　　　めてからお召し上がりください。

賞味期限：
20○○年○○月

7　コ．次の菓子の表示例の中で、最も不適切なものを選択肢の中から1
　　つ選びなさい。

名称	焼菓子
原材料名	小麦粉（国内製造）、砂糖、植物油脂、鶏卵、マーガリン、デキストリン、植物性たん白（大豆を含む）、食塩、ソルビット、膨脹剤、乳化剤、香料、クチナシ色素、（一部に小麦・卵・乳成分を含む）
内容量	120g
賞味期限	20○○年○○月○○日
保存方法	直射日光を避け常温で保存してください。
製造者	○○製菓株式会社 ○○県○○市○○町○－○－○

① ➡ 名称
② ➡ 原材料名
③ ➡ 内容量
④ ➡ 製造者

7　サ．次の弁当の表示例の中で、**最も不適切なもの**を選択肢の中から1
つ選びなさい。

名称	天丼
① → 原材料名	ご飯（米（国産））、天ぷら、漬物、しょう油、砂糖／調味料（アミノ酸等）、酸味料、pH調整剤、グリシン、酸化防止剤（V.C）、ソルビット、クチナシ色素、膨張剤、（一部に小麦・卵・えび・大豆を含む）
② → 内容量	1人前
③ → 消費期限	20○○. 11. 23　23時
④ → 保存方法	10℃以下で保存してください。
製造者	株式会社○○食品 ○○県○○市○○町○－○－○

7　シ．次の単式蒸留焼酎の表示例の中で、**最も不適切なもの**を選択肢の
中から1つ選びなさい。

① → 品目	酒類
原材料名	さつま芋（鹿児島県産）、米こうじ（国産米）
② → アルコール分	25度以上26度未満
③ → 内容量	720ml
④ → 製造者	○○酒造株式会社 ○○県○○市○○町○－○－○

飲酒は、20歳になってから

模擬問題

7　ス．次の香味食用油の表示例の中で、<u>最も不適切なもの</u>を選択肢の中から１つ選びなさい。

	名称	香味食用油
① →		
② →	原材料名	食用なたね油（国内製造）（高リシン遺伝子組換え）、食用オリーブ油、にんにく／乳化剤
③ →	内容量	70g
	賞味期限	20○○．6．15
④ →	保存方法	直射日光、高温多湿を避け常温で保存してください。
	製造者	株式会社○○油脂 ○○県○○市○○町○－○－○

7　セ．次の栄養成分表示例の中で、<u>最も不適切なもの</u>を選択肢の中から１つ選びなさい。

	栄養成分表示　（１袋当たり）		
① →			
② →	熱　　　　　量	：	93　kcal
	た ん ぱ く 質	：	1.1　g
	脂　　　　　質	：	4.3　g
③ →	－中鎖脂肪酸	：	3.0　g
④ →	コレステロール	：	61　mg
	炭 水 化 物	：	12.5　g
	食 塩 相 当 量	：	0.06　g

212

7 ソ． 次の栄養成分表示例の中で、<u>最も不適切なもの</u>を選択肢の中から
１つ選びなさい。

	栄養成分表示　（100g 当たり）		
①　→	熱　　　　　量　：	342	kcal
	た ん ぱ く 質　：	30.0	g
	脂　　　　　質　：	6.0	g
	炭 水 化 物　：	42.0	g
	食 塩 相 当 量　：	0.3	g
②　→	カ ル シ ウ ム　：	120	mg
③　→	糖　　　　　類　：	5.2	g
④　→	ポリフェノール　：	1000	mg

模擬問題

問8（各1点×18）

次のア～ツの問いに答えなさい。

8　ア.「添加物の表示方法」に関する次の選択肢の中で、その内容が最も不適切なものを1つ選びなさい。

①　酸化防止剤及び漂白剤として使用した添加物は、物質名にその用途名を表示する。

②　ソルビン酸カリウムとソルビン酸カルシウムを併用した場合、「ソルビン酸（K、Ca）」のように表示できる。

③　硫酸アルミニウムカリウムを使用した場合、その表示方法は「カリミョウバン」又は「ミョウバン」に限られる。

8　イ.「添加物の表示」に関する次の選択肢の中で、その内容が最も不適切なものを1つ選びなさい。

①　油脂製造時の抽出溶剤である「ヘキサン」は加工助剤に該当し、表示は省略できる。

②　ポテトサラダに入れたハムに発色剤として使用された亜硝酸ナトリウムはキャリーオーバーに該当せず、表示は省略できない。

③　菓子類に栄養強化の目的で使用されるビタミンCについては個別に表示義務があり、表示は省略できない。

8 ウ.「アレルギー表示」に関する次の選択肢の中で、その内容が最も不適切なものを1つ選びなさい。

① アレルゲンを含む食品のうち、特に発症数、重篤度から勘案して表示する必要性の高いものを特定原材料として定めており、その中には小麦、卵、落花生が含まれている。

② 特定原材料に比べると、症例数や重篤な症状を呈する者が少ないものを特定原材料に準ずるものとして定めており、その中にはあわび、いか、いくら、かにが含まれている。

③ 一括表示を行う場合、特定原材料そのものが原材料として使用されている場合も表示する。

8 エ.「アレルギー表示」に関する次の選択肢の中で、その内容が最も不適切なものを1つ選びなさい。

① カニシューマイ、マツバガニは特定原材料である「かに」の拡大表記に該当する。

② ハムエッグ、卵白は、特定原材料である「卵」の拡大表記に該当する。

③ ビーフコロッケは、特定原材料に準ずるものの「牛肉」の拡大表記に該当する。

模擬問題

8　オ.「遺伝子組換え食品の表示」に関する次の選択肢の中で、その内容が**最も不適切なもの**を1つ選びなさい。

① 「GMO」や「non-GM」等の表現は、消費者がわからないおそれがあるため、使用できない。

② 加工食品では、原材料の重量に占める割合の高い原材料の上位3位までのものであって、かつ、原材料及び添加物の重量に占める割合が5％以上である原材料について、遺伝子組換えの表示が義務付けられている。

③ みそは、加工後に組み換えられたDNA及びこれによって生じたたんぱく質が加工工程で除去・分解され、最新の技術によってもその検出が不可能とされているため、遺伝子組換えに関する表示の義務はない。

8　カ.「有機食品」に関する次の選択肢の中で、その内容が最も不適切なものを1つ選びなさい。

① 有機JASは、酒類も対象となっている。

② 有機畜産物は、有機JASマークを貼付したものでなければ「有機○○」という表示はできない。

③ 有機加工食品を単に小分けして再度有機JASマークを貼付するだけであれば、認証を取得する必要はない。

8　キ.「地理的表示保護制度」に関する次の選択肢の中で、その内容が
　　最も不適切なものを1つ選びなさい。

　　① 地理的表示とは、名称から当該産品の産地が特定でき、その産
　　　品の品質等の確立した特性が、当該産地と結び付いていること
　　　が特定できる名称の表示をいう。

　　② GIマークの対象産品は、酒類、飲食料品、非食用の農林水産
　　　物とその加工品である。

　　③ 生産・加工業者は、「登録生産者団体」として登録されること
　　　により、生産した特定農林水産物等に地理的表示及びGIマー
　　　クを表示できる。

8　ク.「栄養機能食品」に関する次の選択肢の中で、その内容が最も不
　　適切なものを1つ選びなさい。

　　① カリウムは、規格基準が定められている成分であるが、過剰摂
　　　取のリスクを回避するため、錠剤やカプセルの食品は対象外で
　　　ある。

　　② カルシウムは、「カルシウムは、骨や歯の形成に必要な栄養素
　　　です。」と食品表示基準に定められた文言を栄養成分の機能と
　　　して表示する。

　　③ バランスのとれた食生活の普及啓発を図る文言を表示すること
　　　が義務付けられているが、その表現方法は任意である。

8　ケ.「機能性表示食品」に関する次の選択肢の中で、その内容が最も不適切なものを1つ選びなさい。

① 機能性表示食品の対象とならないものに、脂質、飽和脂肪酸、コレステロール、糖類、ナトリウムの過剰な摂取につながる食品がある。

② 「日本人の食事摂取基準」に摂取基準が策定されているたんぱく質は機能性関与成分の対象とならないため、その構成成分である各種アミノ酸も対象とならない。

③ 科学的根拠に基づき、機能性を有する旨の表示として「DHAには記憶をサポートする機能があることが報告されています。」と表示できる。

8　コ.「特定保健用食品」に関する次の選択肢の中で、その内容が最も不適切なものを1つ選びなさい。

① 保健機能成分（関与成分）の有効性及び安全性については、製品ごとに国によって審査され、表示については、消費者庁長官の許可又は承認を受ける必要がある。

② 特定保健用食品のうち、関与成分の疾病リスク低減効果が医学的・栄養学的に確立されている場合、疾病リスク低減表示ができる。

③ 有効性の科学的根拠のレベルには届かないものの、一定の有効性が確認されている食品として許可されたものを「特定保健用食品（規格基準型）」という。

8　サ.「景品表示法」に関する次の選択肢の中で、その内容が最も不適切なものを1つ選びなさい。

① 合理的根拠がないにもかかわらず、痩身効果が得られるような表示は、不実証広告として有利誤認表示に該当する。

② 他社の平均価格から値引いた価格と表示しながら、架空の高い価格から値引きした表示は、有利誤認表示に該当する。

③ 健康食品に「栄養成分が他社の2倍」と表示していたが、実際は他社と同じ量である場合は、優良誤認表示に該当する。

8　シ.「米トレーサビリティ法」に関する次の選択肢の中で、その内容が最も不適切なものを1つ選びなさい。

① 対象となる指定米穀等に、清酒や単式蒸留焼酎は含まれない。

② 飼料用の非食用米穀については、産地情報の伝達は不要である。

③ 外食店では、米飯類についてのみ産地情報の伝達が必要である。

8　ス. 「牛トレーサビリティ法」に関する次の選択肢の中で、その内容が最も不適切なものを 1 つ選びなさい。

　　① この法律は、牛の個体の識別のための情報の適正な管理を行うことにより、牛の乳房炎のまん延防止を目的としている。

　　② この制度は、牛を飼育している段階から、消費者が牛肉を購入するまでの各段階を通じて、個体識別番号を正確に記録及び伝達していく制度である。

　　③ 牛肉の整形に伴い副次的に得られるこま切れは、この制度の対象外である。

8　セ. 「業者間取引」に関する次の選択肢の中で、その内容が最も不適切なものを 1 つ選びなさい。

　　① 本支店間での取引のような同一企業内の取引は、その企業が全体として表示責任者となるため、表示義務の対象とならない。

　　② 委託元が複数種類の製品を用意し、委託先には詰め合わせのみの単純な行為を委託する場合、委託元と委託先との取引は、表示義務の対象とならない。

　　③ 輸入品は、輸入業者が国内で他の事業者に販売する時点から表示が必要となるため、輸出国側の事業者に表示義務はない。

8　ソ. 「酒類の表示」に関する次の選択肢の中で、その内容が最も不適切なものを1つ選びなさい。

①　薬機法に規定するアルコール含有医薬品で「酒類に該当するもの」については、酒類業組合法に基づく品目等の表示は必要ない。

②　食品表示基準では、酒類に「原材料名」「アレルゲン」「原産国名」の表示を義務付けている。

③　酒類業組合法では、「アルコール分」「税率適用区分」等の表示を義務付けている。

8　タ. 容器包装の識別マークの表示が義務付けられていないものを、次の選択肢の中から1つ選びなさい。

①　プラスチック製容器

②　紙製容器

③　ガラス製容器

模擬問題

221

8 チ.「飲食店の表示」に関する次の選択肢の中で、その内容が最も不適切なものを1つ選びなさい。

① 生食用の牛肉をそのまま提供する場合は、「一般的に食肉の生食は食中毒のリスクがあること。」「子ども、高齢者その他抵抗力の弱い人は喫食を控えるべきこと。」を店舗の見やすい場所に掲示しなければならない。

② 特定料理提供業者が国内で飼養された牛のステーキ肉を提供する場合、店舗の見やすい場所に個体識別番号を掲示しなければならない。

③ チャーハン等の米飯に使用される米の産地情報の表示は、米トレーサビリティ法の対象となっていない。

8 ツ.「計量法」に関する次の選択肢の中で、その内容が最も不適切なものを1つ選びなさい。

① 「特定商品」には、食品のみが指定されており、その中には菓子類、香辛料、めん類が含まれている。

② 「密封」とは、商品の容器包装又はこれらに付した封紙を破棄しなければ、当該物象の状態の量を増加し、又は減少することができないようにすることをいう。

③ 「特定商品」を法定計量単位で販売するときは、量目公差の範囲内で計量しなくてはならない。

問9（各1点×4）

次の文は、「業務用生鮮食品」についてまとめたものである。ア〜エの部分にあてはまる最も適切なものを、それぞれの選択肢の語群の中から1つ選びなさい。

　　業務用生鮮食品とは、生鮮食品のうち、加工食品の原材料となるものをいい、加工食品の表示が正しく行えるように「名称」「原産地」「放射線に関する事項」「乳児用規格適用食品である旨」「【　ア　】に関する事項」等が表示される。

　　ただし、【　イ　】外食やインストア加工用、無償サンプル用の食品として納品するものは、「名称（特定の食品を除く）」及び「原産地」の表示、【　ウ　】食品工場等、消費者に直接販売しない場所に納品するものは、「名称」「放射線に関する事項」「乳児用規格適用食品である旨」等の表示は、義務付けられていない。

　　また、購買時に選択の機会に資する情報として、原料原産地表示の対象となる加工食品の原料については、【　エ　】を併せて表示する。

アの語群　①　シアン化合物を含有する豆類

　　　　　②　青果物の品種　　　　　　③　特別栽培農産物

イの語群　①　容器包装に入れずに

　　　　　②　容器包装に入れて

　　　　　③　容器包装の有無にかかわらず

ウの語群　①　容器包装に入れずに

　　　　　②　容器包装に入れて

　　　　　③　容器包装の有無にかかわらず

エの語群　①　生産者　　　　②　産地　　　　③　小売希望価格

模擬問題

223

問10 （各1点×4）

次の文は、「特別栽培農産物に係る表示ガイドライン」についてまとめたものである。ア～エの部分にあてはまる最も適切なものを、それぞれの選択肢の語群の中から1つ選びなさい。

　　特別栽培農産物とは、その農産物が生産された地域の【　ア　】レベルに比べて、節減対象農薬の使用回数が【　イ　】以下で、かつ、使用する化学肥料の【　ウ　】成分量が50%以下で栽培された農産物をいう。

　　「特別栽培農産物に係る表示ガイドライン」に基づき、一括表示欄に具体的な内容が表示されている場合は、枠外にそれに沿った内容の「【　エ　】」といった表示を行うことで、特別な栽培方法を消費者に正確に伝えることができる。

アの語群　①　慣行　　　　　　②　既定　　　　　③　前年

イの語群　①　30%　　　　　　②　50%　　　　　③　70%

ウの語群　①　窒素　　　　　　②　カリウム　　　③　リン酸

エの語群　①　天然栽培
　　　　　　②　減農薬
　　　　　　③　農薬：栽培期間中不使用

問11 (各1点×8)

次の文は、「表示禁止事項」についてまとめたものである。ア～クの部分にあてはまる最も適切なものを、それぞれの選択肢の語群の中から1つ選びなさい。

　　一般消費者の利益を保護することを目的として【　ア　】では、「虚偽」や「【　イ　】」な表示を禁止している。消費者の自主的かつ合理的な選択を阻害するおそれがあると認められるものとして、商品や役務（サービス）の品質や規格その他の内容が実際のものや競合他社のものよりも良い品質であると表示しているが、実際はそうでないものを【　ウ　】表示と、価格その他の取引条件について、お得であると表示しているが、実際はそうでないものを【　エ　】表示といい、故意に偽って表示する場合だけでなく、誤って表示した場合も措置の対象としている。

　　また、その他誤認されるおそれのある表示として、【　オ　】が指定する不当表示があり、「商品の原産国に関する不当な表示」等が定められている。

　　さらに、【　ア　】の実効性を高めるため、国・地方の行政機関による監視指導体制の強化及び【　カ　】の表示管理体制の整備を義務付けるため、表示規制に違反した場合には【　キ　】に加え、【　ク　】制度がある。

アの語群　　①　食品衛生法
　　　　　　②　景品表示法
　　　　　　③　独占禁止法

イの語群　　①　多大　　　　②　過剰　　　　③　誇大

ウの語群　　①　有利誤認　　②　品質誤認　　③　優良誤認

エの語群　①　有利誤認　　②　事実誤認　　③　優良誤認

オの語群　①　厚生労働大臣
　　　　　②　経済産業大臣
　　　　　③　内閣総理大臣

カの語群　①　事業者
　　　　　②　保健所
　　　　　③　適格消費者団体

キの語群　①　廃棄命令　　②　措置命令　　③　監視命令

クの語群　①　監視　　　　②　課徴金　　　③　重課税

問 12（各 1 点×8）

次の文は、「機能性表示食品制度の概要」についてまとめたものである。次のア～クの部分にあてはまる<u>最も適切なもの</u>を、それぞれの選択肢の語群の中から 1 つ選びなさい。

　機能性表示食品は、科学的根拠に基づいた機能性が、【　ア　】の責任において表示されたものであり、【　イ　】とは異なり、消費者庁長官の個別の許可を受けたものではない。

　機能性表示食品の表示をしようとする場合、届出実績がない新規の機能性関与成分などを除き、原則として販売【　ウ　】前までに、安全性、機能性等の根拠情報、販売する際に容器包装に表示する予定の「表示内容」を含めた製品情報等について、消費者庁長官へ届出を行い、その届出が受理される必要がある。

　機能性表示食品の対象食品は、保健機能を有する成分を含む容器包装に入れられた【　エ　】であり、【　オ　】を含有する食品や「脂質、【　カ　】、コレステロール、糖類、【　キ　】」の過剰摂取につながる食品は、対象外とされている。この機能性表示制度は、原則として、健康な人（【　ク　】等に罹患する前の人又は境界線上の人）における健康の維持・増進に関する表現を認めたものである。

アの語群　①　国　　　　　　②　都道府県　　③　事業者

イの語群　①　栄養機能食品
　　　　　②　特定保健用食品
　　　　　③　いわゆる健康食品

ウの語群　①　30 日　　　　②　60 日　　　　③　90 日

模擬問題

エの語群　①　食品全般
　　　　　②　加工食品
　　　　　③　加工食品及び添加物

オの語群　①　調味料
　　　　　②　炭酸
　　　　　③　アルコール

カの語群　①　飽和脂肪酸
　　　　　②　オレイン酸
　　　　　③　トランス脂肪酸

キの語群　①　ミネラル　　②　ナトリウム　③　ビタミン

クの語群　①　インフルエンザ
　　　　　②　アレルギー疾患
　　　　　③　生活習慣病

問13（各1点×2）

次のア及びイの問に答えなさい。

13　ア．「栄養成分表示」に関する次の選択肢の中で、その内容が<u>最も不適切</u>なものを1つ選びなさい。

① 糖類とは、単糖類、二糖類及び糖アルコールをいう。

② たんぱく質と脂質の量が共に100g当たり0.5g未満の場合は、「たんぱく質、脂質0g」と表示することができる。

③ トランス脂肪酸を表示する場合、義務表示事項に加え、飽和脂肪酸、トランス脂肪酸及びコレステロールの含有量を枠内に表示する。

模擬問題

229

13 イ.「栄養強調表示」に関する次の選択肢の記述の中で、その内容が
　　最も不適切なものを1つ選びなさい。

① 米麹のように、酵素分解により当該食品の糖類含有量が食品の
　　原材料及び添加物に含まれていた量を超える食品には、糖類を
　　添加していない旨の表示はできない。

② たんぱく質と食物繊維について強化された旨の表示をする場
　　合、比較品との差（強化された量）が定められた基準値以上で
　　あることに加え、強化された割合が25％以上である必要があ
　　る。

③ 合理的な推定により得られた値で栄養強調表示をする場合、表
　　示された値の設定の根拠資料を保管した上で、「推定値」と表
　　示する。

問14（各1点×10）

別記様式で示した表示例のア～コの【　　】の部分について、《条件》と《原材料に関する情報》をもとに、義務表示事項としてあてはまる最も適切なものを、それぞれの選択肢の語群の中から1つ選びなさい。

《条件》

・この食品は、気密性及び遮光性を有する容器包装に密封した後、中心部の温度を120℃で4分間の加圧加熱殺菌をしたカレーである。

・食べる際には調理の必要はなく、温めて食べる食品である。温め方は、袋のまま熱湯の中に入れ、4～5分間沸騰させる。

・製品は1食分（200g）を包装する。

・2025年11月30日に製造を行い、賞味期限は2026年11月30日である。

・この期限表示は、直射日光を避け常温で保存することが条件である。

・株式会社□□食品（○○県○○市○○町1－1－1）が製造・販売する。表示は株式会社□□食品が責任をもって行う。

・アレルゲンに関する表示は、義務品目及び推奨品目をすべて表示する。また、表記は、一括表示で行う。ビタミンEは、分子蒸留しているため大豆の表示は不要である。

・商品の主要面には、製品の特長を表す強調表示を行う。

模擬問題

《原材料に関する情報》

原材料名	配合量 (%)	原産国・ 製造国等	アレルゲン 情報	遺伝子組換え 情報	添加物の 使用目的
豚肉	20.0	日本	豚肉	－	－
たまねぎ	18.0	中国	－	－	－
人参	15.0	日本	－	－	－
ばれいしょ	12.0	日本	－	非組換え	－
植物油脂	8.5	中国	大豆	大豆：不分別	－
小麦粉	6.0	アメリカ	小麦	－	－
カレー粉	5.0	日本	－	－	－
ポークエキス	4.0	マレーシア	豚肉	－	－
砂糖	3.0	日本	－	てん菜：非組換え	－
チャツネ	2.5	中国	－	－	－
食塩	2.0	日本	－	－	－
全粉乳	1.5	デンマーク	乳	－	－
グルタミン酸 Na	1.0	ベトナム	－	－	調味
酵母エキス	0.7	日本	－	－	－
カラメル色素	0.4	日本	－	－	着色
タマリンド香料	0.3	インドネシア	－	－	着香
ビタミン E	0.1	日本	大豆(表示不要)	大豆：不分別	酸化防止
合計	100.0				

《別記様式》

名称	カレー
原材料名	【 ア 】、植物油脂、小麦粉、カレー粉、ポークエキス、砂糖、チャツネ、食塩、【 イ 】、【 ウ 】、【 エ 】、【 オ 】
殺菌方法	【 カ 】
内容量	【 キ 】
賞味期限	【 ク 】
保存方法	直射日光を避け常温で保存してください。
製造者	株式会社□□食品 ○○県○○市○○町1-1-1

【 ケ 】

主要面

【 コ 】

お召し上がり方：袋のまま熱湯の中に入れ、4～5分間沸騰させてからお召し上がりください。

アの語群　① 豚肉、たまねぎ、人参、ばれいしょ
　　　　　② 豚肉（国産）、野菜（たまねぎ、人参、ばれいしょ）
　　　　　③ 野菜（たまねぎ（中国産）、ばれいしょ、人参）、豚肉
　　　　　④ 野菜（たまねぎ、人参、ばれいしょ）、豚肉（国産）

イの語群　① 全粉乳、酵母エキス／調味料（アミノ酸）
　　　　　② 全粉乳／酵母エキス、調味料（アミノ酸）
　　　　　③ 全粉乳、酵母エキス、タマリンド／調味料（アミノ酸）
　　　　　④ 全粉乳（乳成分を含む）、酵母エキス／調味料（アミノ酸）

ウ語群　　① カラメル色素　　　　② カラメル色素、香料
　　　　　③ 調味料（アミノ酸）、カラメル
　　　　　④ カラメル、香辛料

エの語群　①　ビタミンＥ　　　　　　　　②　酸化防止剤
　　　　　③　酸化防止剤（ビタミンＥ）
　　　　　④　酸化防止剤（ビタミンＥ：大豆）

オの語群　①　（一部に豚肉・大豆を含む）
　　　　　②　（一部に小麦・乳成分・豚肉を含む）
　　　　　③　（一部に小麦・乳成分・豚肉・大豆を含む）
　　　　　④　（一部に小麦・乳・豚肉・大豆を含む）

カの語群　①　容器に密封し、120℃　４分殺菌
　　　　　②　遮光性容器に入れ加圧加熱殺菌
　　　　　③　レトルトパウチに入れた後、加熱殺菌
　　　　　④　気密性容器に密封し、加圧加熱殺菌

キの語群　①　１パック　　　　　　　②　200g
　　　　　③　固形量（100g）　　　　④　１人前

クの語群　①　2026.11　　　　　　　②　2026. Nov.
　　　　　③　2026.12　　　　　　　④　30.11.2026

ケの語群　①　この製品は、容器包装詰加圧加熱殺菌食品です。
　　　　　②　この製品は、調理食品袋詰です。
　　　　　③　この製品は、レトルトパウチ食品です。
　　　　　④　この製品は、減圧加熱殺菌したレトルトパウチ食品
　　　　　　　です。

コの語群　①　非遺伝子組換え小麦使用
　　　　　②　国産豚肉100％使用（豚肉に占める割合）
　　　　　③　合成着色料不使用
　　　　　④　国産野菜使用

食品表示検定試験〈中級〉

模擬問題の
解答と解説

問1

1　ア．③

　食品表示法では、販売（不特定又は多数の者に対する販売以外の譲渡を含む。）の用に供する食品に関する表示について、基準の策定その他の必要な事項を定めています。この法律において対象となる「食品」とは、酒類を含むすべての飲食物を指しますが、医薬品、医薬部外品は除外されています。　　　認定テキスト1-2

1　イ．①

　食品衛生法は、飲食に起因する衛生上の危害発生を防止することを目的としています。健康増進法は国民保健の向上を図ること、消費者基本法は消費生活の安定及び向上を確保することを目的としています。　　　　　　　　　　　　　　　認定テキスト1-2

1　ウ．①

　食品表示法第6条第8項で規定する食品を摂取する際の安全性に影響を及ぼす事項には、「名称」「保存の方法」「消費期限又は賞味期限」「アレルゲン」「L-フェニルアラニン化合物を含む旨」等があります。　　　　　　　　　　　　　　認定テキスト1-2

1　エ．②

　繁忙時のみ、自家製のコロッケをパックに詰め、陳列して販売する惣菜店は、反復継続性があり、「食品関連事業者以外の販売者」には該当しません。　　　　　　　　　　　　認定テキスト1-3

1　オ．③

　一定の作為は加えるが加工に至らない「調整」を行ったものは生鮮食品に当たり、「米穀を保存するため乾燥したもの」が、これに該当します。　　　　　　　　　　　　　　認定テキスト1-3

236

1 カ. ①

健康増進法に基づき、特別用途表示の許可を得て表示しなければならないのは、特別用途食品として販売する食品です。

認定テキスト1-2

問2

2 ア. ④

乾燥した大豆などの豆類のように計量法第13条第1項の特定商品に該当するものを、容器包装に入れ密封したものについては、内容量及び食品関連事業者など内容量を表記する者の氏名又は名称及び住所を表示することが計量法により義務付けられています。

認定テキスト2-2-1

2 イ. ①

精米及び玄米には、表示内容に責任を有する者の氏名又は名称、住所及び電話番号を表示します。

認定テキスト2-2-2

2 ウ. ③

容器包装した生食用殻付き鶏卵では、賞味期限の表示は義務付けられていますが、採卵年月日の表示をすることは義務付けられていません。

認定テキスト2-3-3

2 エ. ①

食品表示基準において、玄米及び精米の名称には、玄米、もち精米、うるち精米（又は精米）、胚芽精米のうちから、該当する名称を表示します。

認定テキスト2-2-2

2 オ. ②

「地鶏肉の日本農林規格（JAS）」に基づく地鶏肉の表示事項は、

食品表示基準に従った通常の鶏肉の表示に加えて、父鶏母鶏の組合せ、飼育期間、飼育方法、内容量（容器包装に入れたものの場合）、生産業者（小分けをしたものにあっては、小分け業者）の氏名又は名称及び住所です。「飼育密度」は含まれていません。

認定テキスト2－3－1

問3

3　ア．③

干し芋は加工食品に該当するため、名称及び原料原産地のほか、加工者等の表示が求められています。　　認定テキスト3－1、3－5

3　イ．①

食肉については、「牛」「馬」「豚」「めん羊」「鶏」などと、食肉の種類の表示が義務付けられています。　　認定テキスト2－3－1

3　ウ．④

アキサケは秋頃に産卵のため沿岸に回遊してきたサケの季節名です。季節名は日本国内でのその時期の呼び名であり、輸入される外国産魚類に季節名を表示することはできません。

認定テキスト2－4－1

3　エ．③

切り身等で生食用のふぐには、原料ふぐの種類を標準和名で表示するとともに「標準和名」の文字を表示します。また、保存方法についても「10℃以下で保存」等と食品の特性に従った表示が必要です。　　　　　　　　　　　　認定テキスト2－4－3

3　オ．④

複数原料米を使用した場合は、産地ごとの使用割合が高いもの

から順に表示します。 認定テキスト2－2－2

問4

4 ア. ③

精麦又はあわなどの雑穀を混合したものにあっては、精麦又は雑穀を合計した内容重量を表示し、次に括弧を付して「(精麦○g、あわ○g)」のように表示します。 認定テキスト2－2－2

4 イ. ③

外国船舶が漁獲して国内の港に水揚げしたものは、輸入品となります。この場合、漁獲した船舶の属する国名を原産国として表示します。この際、漁獲した水域を「オーストラリア(南インド洋)」などのように表示することは可能です。 認定テキスト2－4－1

4 ウ. ①

芋類のうち、「ばれいしょ」のみに発芽防止目的での放射線照射が認められており、照射したじゃがいもには「放射線を照射した旨」及び「照射した年月日である旨の文字を冠したその年月日」を表示します。 認定テキスト2－1、2－2－1

4 エ. ②

豚肉については、食肉小売品質基準においてバークシャー純粋種の豚肉のみを「黒豚」と表示できるとされています。また、原産国についての定めはないため、外国産のものについても黒豚の表示は認められています。 認定テキスト2－3－1

4 オ. ④

魚介類の名称は、一般的な名称を表示します。「関さば」「関あじ」のように、一般によく知られているブランド名であっても、魚介

模擬問題の解答と解説

239

類の名称として使用することは認められていません。

認定テキスト2-4-1

問5

5　ア．②

名称に括弧を付して商品名を併記することについては、併記することによって消費者に名称を誤認させないものであれば、差し支えないとされています。　　　　　　　　　　認定テキスト3-2

5　イ．②

うま味調味料については保存方法の省略はできません。

食品表示基準においては、品質の劣化が極めて少ないものとして「でん粉、チューインガム、冷菓、砂糖、アイスクリーム類、食塩、酒類、飲料水及び清涼飲料水（ガラス瓶入りのもの（紙栓を付けたものを除く。）又はポリエチレン製容器入りのものに限る。）、氷」については期限表示の省略と同様に保存方法の表示を省略することが認められています。　　　認定テキスト3-7、3-8

5　ウ．③

「原産国」とは、その商品の内容について実質的変更をもたらす行為が行われた国をいいます。緑茶、紅茶については、「荒茶の製造」が実質的な変更をもたらす行為とされています。

一方で荒茶を仕上げ茶にする工程は製造に該当します。このため輸入した荒茶を国内で仕上げ茶にした緑茶は、国内で製造された加工食品として原料原産地表示の対象となり、「原料原産地」として荒茶を製造した国を表示することが必要です。

認定テキスト3-9

5　エ. ②

　複合原材料に用いた添加物は、製品全体に含まれる添加物と併せて、重量の割合の高いものから順に表示することとされています。
　　　　　　　　　　　　　　　　　　　　　　　　　認定テキスト3－3

5　オ. ①

　計量法では、12,000g（グラム）は12kg（キログラム）とするなど、特定物象量を表す数値が1万以上とならない計量単位を用いることが定められています。
　　　　　　　　　　　　　　　　　　　　　　　　　認定テキスト3－6

問6

6　ア. ④

　食肉を単に切断、薄切り等したものは生鮮食品として扱われますが、これらの切断した食肉を調味した場合は本質的に新たなものを作り出すことになり、製造に該当します。
　　　　　　　　　　　　　　　　　　　　認定テキスト1－3、4－2－1

6　イ. ②

　食パンは、計量法の特定商品に該当せず、内容量の表示は、食品表示基準 別表第4で「内容数量を表示する。ただし、1個のものにあっては、表示を省略することができる。」と定められています。なお、包装食パンの表示に関する公正競争規約施行規則では、「内容数量を枚数で表示するが、1個のものにあっては表示を省略することができる。」としています。
　　　　　　　　　　　　　　　　認定テキスト4－4－13、資料編 資料2

6　ウ. ③

　食品表示基準において、名称が定められており、定義に合わない製品にはその名称を使用することができないと定められている

食品には、食用植物油脂、ドレッシング及びドレッシングタイプ
調味料、マカロニ類、ハム類などがあります。　認定テキスト3－2

6　エ. ③

　製造所固有記号は＋を付して表示します。また、使用する記号
についてはアラビア数字、ローマ字、平仮名、片仮名又はこれら
の組合せに限るとされています。　　　　　　認定テキスト3－10

6　オ. ③

　米菓の煎焼又は揚は「商品の原産国に関する不当な表示」にお
ける原産国の定義では実質的変更をもたらす行為とされていま
す。しかしながら、食品表示基準においては煎焼又は揚に加え味
付けする行為についても、商品の内容に実質的な変更をもたらす
ものとされています。このため、A国から「素焼きをしたおかき」
を輸入し、国内で味付けをした製品は、味付けが実質的な変更と
みなされるため国内で製造した製品となり、原産国の表示は不要
となります。　　　　　　　　　　　　　　　認定テキスト3－9

問7

7　ア. ①

　パイナップルに使用された添加物のフルジオキソニルについて
は、使用目的が防かび剤のため、「防かび剤（フルジオキソニル）」
などと用途名を併記することが義務付けられています。

　　　　　　　　　　　　　　　　認定テキスト4－1－1、5－1

7　イ. ③

　農産物漬物のうち、かす漬については農産物を薄切り、細刻、
小切りにして酒かすに漬けた「わさびかす漬」「山海漬」「刻みな
ら漬」等では、かすは含んだままで計量した重量を固形量ではな

く内容量で表示します。なお、なら漬やその他のかす漬で農産物が丸及び大割のものは、かすを除いて計量した重量を内容量として表示します。

認定テキスト4－1－3

7　ウ. ④

タレかけ等の味付け処理を行った食肉は、病原微生物による汚染が内部に拡大しているおそれがあります。このため、「あらかじめ処理してありますので中心部まで十分に加熱してお召し上がりください。」等、処理を行った旨及び飲食に供する際にその全体について十分な加熱を要する旨の表示が義務付けられています。なお、味付け肉は生の食肉を調味する行為により本質的に新たなものを作り出すことになり、加工食品に該当します。このため、加工食品として表示します。

認定テキスト4－2－2

7　エ. ④

食品関連事業者が個人の場合は、個人の氏名を表示することが定められており、屋号等の表示をもって代えることは認められていません。

なお、例外として、個人経営であっても経営年数が相当に永く、販売地区住民に広く周知されている場合に限り、牛乳、特別牛乳、殺菌山羊乳、成分調整牛乳、低脂肪牛乳、無脂肪牛乳、加工乳、クリーム、発酵乳、乳酸菌飲料及び乳飲料のうち、紙のふたで密栓した容器包装に入れられたものの当該紙のふたの表示についてのみ「○○○牧場」のような屋号や商号による表示が認められています。

認定テキスト3－10

7　オ. ③

外国船籍の漁船が日本国内で水揚げした水産物の原産地名は水域名ではなく、船舶の属する国名を表示することが定められています。この場合、カナダ船籍の船がバンクーバー沖で漁獲した「に

模擬問題の解答と解説

243

しん」を北海道で水揚げして加工しているため、にしん丸干しの原料原産地名はカナダ産と表示します。　　　認定テキスト2－4－1

7　カ. ②

　かまぼこ類の原材料名の表示において、複数の魚類を使用した場合は、「魚肉（○○、△△、□□）」のようにまとめて表示することができますが、単一種類の魚のみを使用している場合は使用した魚の名称を「たら（国産）」のように表示します。なお、使用する魚類が4種類以上の場合は、「魚肉」の文字の次に括弧を付して使用した原材料の重量に占める割合の高いものから順に3種の魚類名を表示し、その他の魚類は「その他」と表示することができます。　　　　　　　　　　　　　　認定テキスト4－3－5

7　キ. ②

　乾めん類の原材料名の表示について、調味料及びやくみ等を添付したものは、「めん」「添付調味料」「やくみ」等に区分し、各々の文字の次に括弧を付して「めん（○○、○○、……）」などのように原材料をその最も一般的な名称をもって表示します。なお、添加物を使用したものについては、めんに使用した添加物はめんの原材料名の表示に、添付してある調味料、やくみ等に使用した添加物は添付してある調味料、やくみ等の原材料名の表示に併記して表示します。　　　　　　　　　　　　　　認定テキスト4－4－2

7　ク. ①

　しょうゆは、「こいくちしょうゆ」「うすくちしょうゆ」などの名称及び「本醸造」「混合醸造」といった製造方法を、「うすくちしょうゆ（本醸造）」のように表示します。このうち、本醸造方式によるものであって、セルラーゼ等の酵素によって醸造を促進したものでなく、かつ、食品衛生法施行規則 別表第1に掲げる添加物を使用していないものについては「天然醸造」の用語を、別記

様式の枠外に表示することが認められています。ただし、この場合であっても名称に併記した括弧の内には、本醸造方式によるものは「○○しょうゆ（本醸造）」と表示します。

　なお、しょうゆでは、一定の条件を満たしたものに対する「天然醸造」の用語を除き、「天然」又は「自然」の用語は表示することが禁止されています。　　　　　　　　認定テキスト4－4－4

7　ケ．④

　賞味期限などの期限表示については、別記様式部分に表示することが困難と認められる場合には、別記様式の期限表示の欄に「賞味期限：枠外下部に記載」などと、表示箇所を明示することにより、指定箇所に単独で表示することが認められています。単に「別途記載」「枠外に表示」などの表示は具体的に表示箇所を明示したこととはならないため、認められません。　　認定テキスト3－8

7　コ．②

　アレルゲンの表示の方法として、「植物性たん白（大豆を含む）」のような個別表示と、「……色素、（一部に小麦・卵・乳成分を含む）」のような一括表示を組み合わせて表示することは認められていません。　　　　　　　　　　　　　　　　　　認定テキスト5－2

7　サ．①

　複合原材料名である「天ぷら」は、その名称から複合原材料の原材料が明らかではないため、複合原材料に使用された原材料名の表示の省略は認められていません。　　認定テキスト4－4－17

7　シ．①

　酒類では「品目」が、一般の食品の「名称」に当たります。また、酒類の品目に関わる用語には定義があり、単式蒸留焼酎は、蒸留酒類の一種に分類されています。そして、単式蒸留した焼酎の品

模擬問題の解答と解説

目として表示できるものとして、「単式蒸留焼酎」「焼酎乙類」「ホワイトリカー②」「本格焼酎」などがあります。

認定テキスト4－5－1

7　ス.　②

　高リシン遺伝子組換えの表示が認められている対象農作物は「とうもろこし」のみのため、明らかな間違いとなります。なたねについては、2023年（令和5年）3月にEPA、DHA産生なたねが特定遺伝子組換え農産物に追加されました。現在では、EPA、DHA産生なたねを主な原材料として使用した場合には、油など従来表示義務がなかった品目やこれらを主な原材料とするものについても表示が義務付けられています。　認定テキスト5－3

7　セ.　③

　脂質についての内訳成分として表示を行うものは、「飽和脂肪酸」「n-3系」あるいは「n-6系脂肪酸」とされています。炭素数8～12個の脂肪酸は中鎖脂肪酸と呼ばれ、飽和脂肪酸の中に含まれますが、中鎖脂肪酸として内訳表示することは認められていません。　認定テキスト6－2

7　ソ.　③

　糖類とは、糖質のうち多糖類や糖アルコールなどを除いたものの総称で、ブドウ糖などの単糖類やショ糖などの二糖類のことです。このため、糖類については、炭水化物の内訳成分として表示した糖質のさらに内訳成分であることがわかるように表示します。ただし、糖類は糖質の内訳成分としてではなく単独で炭水化物の内訳として表示することも認められています。

認定テキスト6－2

問8

8　ア. ③

　硫酸アルミニウムカリウムを使用した場合の表示方法には、カリミョウバン、ミョウバンがあり、物質名である硫酸アルミニウムカリウムと表示することもできます。また、乾燥物であれば焼ミョウバンと表示できます。　　　　　　　　　認定テキスト5－1

8　イ. ③

　栄養強化の目的で使用されるビタミン類について省略が認められていないものは、食品表示基準 別表第4で栄養強化の目的で使用される添加物に係る表示の省略は適用しないとされている食品で、ジャム類や農産物漬物などが該当しますが、菓子類は含まれていません。　　　　　　　　　　　　　認定テキスト5－1

8　ウ. ②

　かには、特に発症数、重篤度から勘案して表示する必要性の高いものとして、えび、くるみ、小麦、そば、卵、乳、落花生（ピーナッツ）とともに特定原材料に分類されています。　認定テキスト5－2

8　エ. ②

　卵白は特定原材料名の「卵」の文字を含んでいますが、代替表記及び拡大表記として認められていません。このため、個別表記として「卵白（卵を含む）」のように表示するか、一括表示部分に「（一部に乳成分・卵を含む）」等のように表示することが定められています。　　　　　　　　　　　　　　認定テキスト5－2

8　オ. ③

　遺伝子組換え農産物が主な原材料として使用されていても、組み換えられた DNA 又はこれによって生じたたんぱく質が加工工程で除去・分解され、最新の技術によってもその検出が不可能と

され、遺伝子組換えに関する表示の義務がない加工食品には、しょうゆやコーンフレークなどが該当します。

一方、みそは、加工工程後も組み換えられた DNA 等が残存するため、表示が義務付けられている 33 食品群の一つです。

認定テキスト 5 − 3

8　カ.　③

「有機農産物」「有機畜産物及び有機加工食品」「有機藻類」などを仕入れ、単に小分けして有機 JAS マークを貼付する場合でも、当該事業者は小分け業者としての認証が必要です。

認定テキスト 5 − 4

8　キ.　②

GI マークの対象となるのは、酒類を除く農林水産物、飲食料品と非食用の農林水産物とその加工品です。酒類については、「酒類の地理的表示に関する表示基準」に基づき表示が行われます。

認定テキスト 5 − 5 − 2

8　ク.　③

栄養機能食品については、バランスのとれた食生活の普及啓発を図る文言を表示することが義務付けられていますが、その表現方法は任意ではなく、「食生活は、主食、主菜、副菜を基本に、食事のバランスを。」と、食品表示基準第 7 条に定められた文言を表示します。

認定テキスト 5 − 6 − 1

8　ケ.　②

機能性表示食品については、「日本人の食事摂取基準」に摂取基準が策定されている栄養成分は対象となりませんが、その構成成分であっても、当該栄養素との作用の違いから対象とされる場合があります。

認定テキスト 5 − 6 − 2

8　コ. ③

　特定保健用食品のうち、有効性の科学的根拠のレベルに届かないもの、一定の有効性が確認される食品を、限定的な科学的根拠である旨の表示をすることを条件として許可対象として認めているものを「条件付き特定保健用食品」といいます。

認定テキスト5－6－3

8　サ. ①

　合理的根拠がないにもかかわらず、痩身効果が得られると表示する行為は不実証広告に当たり、これにより、実際の商品より著しく優良であると消費者に誤認を与える表示は優良誤認表示に該当します。

認定テキスト5－7

8　シ. ①

　米トレーサビリティ法の「指定米穀等」とは、食用の米穀並びに取引等の記録が必要な米加工品をいい、清酒や単式蒸留焼酎も含まれます。このほかに「指定米穀等」に該当するものには、米菓生地、もち、だんご、米飯類、米菓、米こうじ、みりんがあります。

認定テキスト5－8

8　ス. ①

　牛トレーサビリティ法は、乳牛などの乳房炎のまん延防止を目的としたものではなく、人畜共通伝染病である牛海綿状脳症（BSE）のまん延防止措置の的確な実施を図ることを目的としています。

認定テキスト5－9

8　セ. ②

　業者間取引について、本店と支店の間の取引のような同一企業内の場合対象とはなりませんが、委託元と委託先の取引は、業務用食品として表示義務の対象となります。

認定テキスト5－10

8 ソ. ②

食品表示基準では、義務表示事項の特例として、酒類について「原材料名」「アレルゲン」「原産国名」の表示は不要とされています。

認定テキスト5－11

8 タ. ③

ガラス製容器については、容器包装に係る分別収集及び再商品化の促進等に関する法律（容器包装リサイクル法）による再商品化（リサイクル）の義務はあるものの、資源の有効な利用の促進に関する法律による識別表示は義務付けられていません。

認定テキスト5－12

8 チ. ③

外食・飲食店で提供される米飯に使用される米の産地情報についても、指定米穀等として米トレーサビリティ法に基づく産地情報の伝達が必要です。

認定テキスト5－14

8 ツ. ①

計量法の「特定商品」とは、「特定商品の販売に係る計量に関する政令」により正しく計量して販売しなければならない商品として定められた「精米」をはじめとした29の商品群であり、この商品群には灯油や家庭用合成洗剤などの食品以外のものが含まれます。

認定テキスト5－15

問9

	9 ア.	9 イ.	9 ウ.	9 エ.
解答	①	②	①	②

生鮮食品のうち加工食品の原材料となるものを「業務用生鮮食品」といいます。また、これらを原料とした加工食品の表示が正しく行えるように「名称」「原産地」「放射線に関する事項」「乳児用規格適用食品である旨」「シアン化合物を含有する豆類に関する事項」等が表示されます。

ただし、容器包装に入れて外食やインストア加工用、無償サンプル用の食品として納品するものは、「名称（特定の食品を除く）」及び「原産地」の表示、容器包装に入れずに食品工場等、消費者に直接販売しない場所に納品するものは、「名称」「放射線照射に関する事項」「乳児用規格適用食品である旨」等の表示義務はありません。また、購買時に選択の機会に資する情報として、原料原産地表示の対象となる加工食品の原料について、産地を表示する必要があります。

認定テキスト5－10

問10

	10 ア.	10 イ.	10 ウ.	10 エ.
解答	①	②	①	③

「特別栽培農産物に係る表示ガイドライン」で、特別栽培農産物とは、その農産物が生産された地域の慣行レベルに比べて、節減対象農薬の使用回数が50％以下で、かつ、使用する化学肥料の窒素成分量が50％以下で栽培された農産物をいいます。

このガイドラインに基づいて一括表示欄に具体的な内容が表示されている場合には、枠外にそれに沿った内容の「農薬：栽培期間中不使用」や「農薬：栽培期間中不使用（○○使用）」といった表示を行うことで、特別な栽培方法を消費者に正確に伝えることができるとしています。

認定テキスト5－4

模擬問題の解答と解説

問11

	11 ア.	11 イ.	11 ウ.	11 エ.	11 オ.	11 カ.	11 キ.	11 ク.
解答	②	③	③	①	③	①	②	②

　景品表示法では、一般消費者の利益を保護することを目的として「虚偽」や「誇大」な表示を禁止しています。消費者の自主的かつ合理的な選択を阻害するおそれがあると認められるものとして、商品・役務（サービス）の品質や規格その他の内容が実際のものや競合他社のものよりも良い品質であると表示しているものの、実際はそうでないものを「優良誤認表示」、価格その他の取引条件について、得であるように表示しているが、実際はそうでないものを「有利誤認表示」として、故意に偽って表示する場合だけでなく、誤って表示した場合にも措置の対象となります。

　その他誤認されるおそれのある表示には、商品や役務の取引に関する事項について内閣総理大臣が指定する不当表示として、「商品の原産国に関する不当な表示」等があります。

　さらに、景品表示法の実効性を高めるため、国・地方の行政機関による監視指導体制の強化及び事業者の表示管理体制の整備を義務付ける改正により、表示規制に違反した場合には措置命令に加え、課徴金制度が導入されています。　　　　　認定テキスト5－7

問12

	12 ア.	12 イ.	12 ウ.	12 エ.	12 オ.	12 カ.	12 キ.	12 ク.
解答	③	②	②	①	③	①	②	③

　機能性表示食品は、科学的根拠に基づいた機能性が、事業者の責任において表示されたものであり、特定保健用食品とは異なり、消費者庁長官の個別の許可を受けたものではありません。

　機能性表示食品の表示をしようとする食品事業者は、届出実績

252

がない新規の機能性関与成分などを除き、原則として販売 60 日前までに、安全性、機能性等の根拠情報、販売する際に容器包装に表示する予定の「表示内容」を含めた製品情報等について、消費者庁長官へ届出を行い、受理される必要があります。なお、届出実績がない新規の機能性関与成分については、届出資料の確認に特に時間を要すると消費者庁長官が認める場合には、販売 120 日前までに届出を行う必要があります（2025 年（令和 7 年）4 月 1 日施行）。

　機能性表示食品の対象食品は、保健機能を有する成分を含む容器包装に入れられた食品全般であり、アルコールを含有する食品や「脂質、飽和脂肪酸、コレステロール、糖類、ナトリウム」の過剰摂取につながる食品は、対象外とされています。この機能性表示制度は、原則として、健康な人（生活習慣病等に罹患する前の人又は境界線上の人）における健康の維持・増進に関する表現を認めるものです。 認定テキスト 5 − 6 − 2

問 13

13　ア．①

　糖類とは、単糖類又は二糖類であって、糖アルコールでないものをいいます。単糖類は、それ以上分解されない糖類を指し、ブドウ糖（グルコース）、果糖（フルクトース）、ガラクトースがあります。また、二糖類は、単糖が 2 つ結び付いたもので、ショ糖（ブドウ糖＋果糖）、麦芽糖（ブドウ糖＋ブドウ糖）、乳糖（ブドウ糖＋ガラクトース）などがあります。糖アルコールは、カルボニル基が還元されて生成する糖の一種でソルビトール、マンニトールなどがあります。 認定テキスト 6 − 3

13　イ．③

　栄養成分に関する品質管理が十分になされていない等の理由に

より、合理的な推定により得られた一定の値を表示する場合、栄養強調表示を行うことは認められていません。 認定テキスト6－3

問14

	14 ア.	14 イ.	14 ウ.	14 エ.	14 オ.
解答	④	①	②	③	③

	14 カ.	14 キ.	14 ク.	14 ケ.	14 コ.
解答	④	②	①	③	②

14 ア. ④

　レトルトパウチ食品のカレーについては、食品表示基準の個別的義務表示に関する規定により使用した野菜が2種類以上の場合、「野菜」の文字の次に括弧を付して「野菜（たまねぎ、人参、ばれいしょ）」などと表示します。原材料に占める重量の割合の高いものから順に表示する際、まとめた「野菜」の割合が高くなるため上位に表示されますが、原料原産地表示の対象原材料として使用した原材料に占める重量の割合が最も高い豚肉に原料原産地表示を行います。 認定テキスト4－4－10

14 イ. ①

　原材料と添加物をスラッシュで区切って各々に占める重量の割合の高いものから順に表示していますが、「酵母エキス」は添加物ではなく食品原料のためスラッシュより前に表示されます。また、《条件》でアレルゲンに関する表示は一括表示で行うとしているため、「全粉乳（乳成分を含む）」のような個別表示を併用することは認められません。 認定テキスト4－4－10、5－2

254

14 ウ. ②

　五感に訴える添加物の表示の省略は認められていないため、香料の表示のない①及び③は誤りです。また、カラメル色素は、物質名の表示中に「色」の文字を含む場合は、用途名（着色料）の表示は省略することができるとされているため、単に「カラメル」とは表示できません。　　　　　　　　　　　　　認定テキスト5-1

14 エ. ③

　添加物のビタミンEは酸化防止の目的で使用しており、物質名及び用途名を併記して表示することとされているため、「酸化防止剤（ビタミンE）」と表示します。　　　　　　認定テキスト5-1

14 オ. ③

　アレルゲンの表示を一括表示する場合は、一括表示を見ることで、その食品に含まれるすべての特定原材料等を把握でき、アレルギー表示の見落としの防止を図るため、すべての特定原材料等について、原材料欄の最後に「（一部に○○・○○・……を含む）」と表示します。特定原材料の「乳」について個別表示をする場合、原材料であれば「乳成分を含む」と、添加物であれば「乳由来」と表示しますが、今回のように一括表示をする場合は、「乳成分を含む」と表示します。なお、アレルゲンの大豆は、ビタミンEについては分子蒸留しているため大豆の表示は不要ですが、植物油脂に使用された大豆は表示が必要なため、「（一部に小麦・乳成分・豚肉・大豆を含む）」と表示します。　　認定テキスト5-2

14 カ. ④

　容器包装詰加圧加熱殺菌食品にあっては、食品を気密性のある容器包装に入れ、密封した後、加圧加熱殺菌した旨を「気密性容器に密封し、加圧加熱殺菌」等と表示します。

認定テキスト4-4-10

模擬問題の解答と解説

255

14　キ．②

　計量法の特定商品に該当するため、内容重量をグラム又はキログラムの単位で、単位を明記して表示します。

認定テキスト 4 − 4 − 10

14　ク．①

　2025 年 11 月 30 日に製造を行い、賞味期限が 2026 年 11 月 30 日の製品です。製造日から賞味期限までの期間が 3 か月を超えるものについて「年月」で表示する場合、賞味期限の日が属する月の前月の年月を表示します。ただし、本品のように賞味期限が月の末日である場合、「2026.11」のように当該の年月で表示することができます。

認定テキスト 3 − 7

14　ケ．③

　植物性たんぱく食品（コンビーフスタイル）を除く「レトルトパウチ食品」では、「この製品は、レトルトパウチ食品です。」などと、レトルトパウチ食品である旨を表示します。

認定テキスト 4 − 4 − 10

14　コ．②

　②の「国産豚肉 100％使用（豚肉に占める割合）」は特色のある原材料の表示として認められています。①の「非遺伝子組換え小麦使用」は、遺伝子組換え小麦の流通は認められていないことから表示が禁止されています。③の「合成着色料不使用」は、食品表示基準における人工及び合成の用語が 2020 年（令和 2 年）7 月に食品表示基準から削除されている等の理由から、消費者に誤認を与える表示であり不適切です。また、④の「国産野菜使用」についても野菜のうち、たまねぎは中国産のため事実と異なる表示となります。

認定テキスト 4 − 4 − 10、5 − 1

模擬問題の解答と解説

【監修者】

小風　茂
小風技術士事務所

〔経歴・資格等〕
農林水産省 総合食料局　食品産業企画課長、
消費・安全局　総務課長、消費・安全局長、
技術士（農業部門、総合技術監理部門）、技術士（CPD 認定）、
公害防止管理者（水質関係第１種）、消費生活アドバイザー

【解説執筆者】

鈴木　ちはる
株式会社ものとか　代表取締役会長、
一般社団法人 食品表示検定協会　事務局長

〔資格等〕
内閣府 消費者委員会　臨時委員、輸入食品衛生管理者、ハラール管理者

【編著者】

一般社団法人 食品表示検定協会

● 設立目的
　一般社団法人 食品表示検定協会は、食品表示に関する能力検定制度を通じて食品表示に関する知識の普及・啓発を行うとともに、食品表示に関する知識を有する人材の育成、資質の向上等に関する事業を行うことにより、消費者の健全な食生活の実現並びに食品関連事業者の信頼確保及び業務の円滑化を図ることを目的とします。

● 設立日
　2009年３月17日

一般社団法人 食品表示検定協会
〒103-0004　東京都中央区東日本橋３丁目12－２　清和ビル５階
https://www.shokuhyoji.jp

ご質問について
本書についてのご意見・ご質問は、下記の宛先までメールにてお送りください。お電話によるお問い合わせ、及び本書に記載されている内容以外のご質問にはお答えいたしかねますので、あらかじめご了承ください。

宛先
株式会社ダイヤモンド・リテイルメディア
「食品表示検定・中級問題集」係
E-MAIL：info-shokuhinhyoji@diamond-rm.co.jp

個別の商品に関することは、お近くの保健所や消費者庁（食品表示規格課）にお問い合わせください。

消費者庁：03-3507-8800（代表番号）

改訂版　食品表示検定 中級・問題集

2025 年 4 月 22 日　改訂版第 1 刷発行

編著者—————一般社団法人 食品表示検定協会
発　　売—————ダイヤモンド社
　　　　　　　　〒150-8409　東京都渋谷区神宮前 6-12-17
　　　　　　　　電話／03·5778·7240（販売）
発　　行—————ダイヤモンド・リテイルメディア
　　　　　　　　〒101-0051　東京都千代田区神田神保町 1-6-1 タキイ東京ビル
　　　　　　　　電話／03·5259·5943（編集）
デザイン—————石澤デザイン
製作・印刷・製本—ダイヤモンド・グラフィック社
編集協力—————奥島俊輔、小原文子（一般社団法人 食品表示検定協会）
編集担当—————山本純子

©2025
ISBN 978-4-478-09096-1
落丁・乱丁本はお手数ですが小社営業局宛にお送りください。送料小社負担にてお取替えいたします。但し、
古書店で購入されたものについてはお取替えできません。
無断転載・複製を禁ず
Printed in Japan